闪亮的电子时光

江雪华　倪振华　主编

东南大学出版社
SOUTHEAST UNIVERSITY PRESS
·南京·

图书在版编目（CIP）数据

闪亮的电子时光 / 江雪华，倪振华主编. -- 南京：东南大学出版社，2025.5. -- ISBN 978-7-5766-2121-1

Ⅰ. K826.16

中国国家版本馆 CIP 数据核字第 2025YC4625 号

责任编辑：陈　淑　　责任校对：子雪莲　　封面设计：李　可　　责任印制：周荣虎

闪亮的电子时光
Shanliang De Dianzi Shiguang

主　　编	江雪华　倪振华
出版发行	东南大学出版社
出 版 人	白云飞
社　　址	南京市四牌楼 2 号
网　　址	http://www.seupress.com
经　　销	全国各地新华书店
印　　刷	南京艺中印务有限公司
开　　本	700 mm×1000 mm　1/16
印　　张	11.5
字　　数	190 千字
版　　次	2025 年 5 月第 1 版
印　　次	2025 年 5 月第 1 次印刷
书　　号	ISBN 978-7-5766-2121-1
定　　价	68.00 元

本社图书若有印装质量问题，请直接与营销部联系。电话（传真）：025-83791830

编　委

主　编　江雪华　倪振华

副主编　王一卉　周　涛　刘　鹃

编　委　杨　阔　江莉莉　张　涌
　　　　何　倩　倪雨晴　张尚洋

2021年，东南大学电子科学与工程学院迎来办学98周年暨独立建院60周年的日子。为重温"6系情愫"，发扬电子精神，我们开展了"闪亮的电子时光"名师访谈系列活动。从学科前辈到流动助教，从创业艰辛到游子心声，不知不觉，这样的访谈进行了40余期。

这本访谈录真实记录了曾在电子学院工作过的学科前辈、党员教师、流动助教等一批优秀电子人的成长足迹，他们为学院学科发展、科研创新、教学改革、党团建设付出过智慧、青春和汗水。他们的担当、他们的创新、他们的拼搏，影响了一代代电子学生，成为我们身边的榜样和前行的力量。

同学院60周年纪念画册《甲子芯程》一样，这本访谈录里，一张张泛黄的老照片、一篇篇感人的回忆录、一段段真情的小故事，共同串起了东南大学电子科学与工程学院一甲子风雨同舟、日夜兼程的发展历程。前辈们为学院的建设和发展奠定了坚实的基础、擘画了宏伟的蓝图，后来者为学院的壮大和飞跃不断拼搏、求索创新。

光阴流转，日子琐碎，在60余年的岁月中，学院的发展一直与时代俱进同行。近2万名电子师生及校友为学院发展、学校建设和国家高等教育和科技发展付出了自己的汗水与智慧，他们低调内敛、拼搏努力、创新突破。他们的不懈努力与奋斗精神留在了祖国建设和东大发展的历史长河中，留在了我们难忘珍贵的记忆里，也成为我们每每想起时，温暖而坚定的前行力量。

《闪亮的电子时光》不仅仅是一本简单的访谈录，更是一部侧面反映学院发展的"活历史"。书里出现的每一个人物身上，都有着学院人深深的电子印记，都展现了璀璨"芯"河里闪亮的电子时光。我们希望能够尽力多记录一些，这也是对学院发展和学校发展历史的小小补充。

希望读到这本访谈录的你，能铭记东大电子岁月中不能忘却的那些青春、那些感动、那些拼搏、那些期盼。

与君共勉。

目 录

一 奠基与开拓

电子器件系的开创者——我的导师陆钟祚教授 / 003
毕生奉献电子器件事业——闵詠川教授传略 / 007
致力于终身探索的勇士——记韦钰院士二三事 / 010
童林夙　顶天立地为人，精益求精做事 / 016
杨鸿生　多次发明专利，填补领域空白 / 022
凌一鸣　理论指导实践，科研报效国家 / 027
孙小菡　不忘科研初心，薪火代代相传 / 032
崔一平　科研筚路蓝缕，师生情谊绵长 / 036
王保平　见证学院发展，共启崭新篇章 / 043
堵国樑　站稳三尺讲台，桃李下自成蹊 / 047
黄庆安　坚定理想信念，勇担社会责任 / 052
时龙兴　面向产业需求，永葆家国情怀 / 060
朱桂荣　严于律己，芯火相承 / 064
高中林　以爱为聚，芯脉相承 / 067
唐国洪　躬行践履，知明行笃 / 070
陈国平　专精结合，学科交叉 / 073
万玉金　不忘初心，砥砺前行 / 077
席德川　薪火相传，勇攀高峰 / 081
陈德英　砥砺奋斗，诲人不倦 / 085

陈　珏　致力知行，继往开来 / 089
吴乃陵　生为首位，课比天大 / 092
吴凤亭　以生为本，初心赤诚 / 095
戚兴根　循循善诱，言传身教 / 098
施建宁　扬无私奉献之德，立止于至善之志 / 101
郑姚生　芯火传门生，德行胜金玉 / 104

二　传承与发展

顾　静　不忘初心，携手共进 / 111
鲁　顺　亦师亦友，筑梦成才 / 114
史先强　共同成长，薪火相传 / 117
张卫青　因热爱而出发，因热爱而坚持 / 122
邱　峰　有始有终，山高为峰 / 126
杨鲤源　积土而为山，积水而成海 / 131
黄杰敏　止于至善，臻于至美 / 135
席维唯　一路"唯"你，四季相伴 / 138
周佺桢　博观而约取，厚积而薄发 / 141
何　倩　一片热忱，留给芯程 / 144
郑　思　青春陪伴，共同成长 / 147
原紫滨　欢聚有时，芯程无期 / 154
叶钟匀　四时之叶，唯你独青 / 159
徐瑶瑶　感恩之心，"瑶"相呼应 / 163
张冠杰　芯程发轫，冠领未来 / 166

后记 / 172

一 奠基与开拓

  在东南大学电子科学与工程学院 60 余载的奋斗历程中,有这样一群人默默付出了诸多努力,只求薪火相传、不忘初心。今天,我们也许很难确切地了解那份坚守与毅力的光影下,发生过怎样动人的故事,但我们可以通过聆听亲历者的讲述,来感受时代命运下那些珍贵而熠熠生辉的细节片段。

  回顾往昔,每台仪器都见证了学院砥砺前行的发展历史,每个名字都是一颗熠熠生辉的星星,每本教材都记录了一次推陈出新的潜心钻研,每项发明都经历了一段呕心沥血的劈波航程……

电子器件系的开创者

——我的导师陆钟祚教授

韦 钰

（陆钟祚的学生，曾任东南大学校长）

简介

陆钟祚（1913—2001），著名电子学家、教育家，江苏苏州人。1938年毕业于国立中央大学（即现在东南大学前身）电机系，1946年获美国密歇根大学科学硕士学位。1947年回国，回国后任国立中央大学电机系副教授、南京工学院教授。先后任南京工学院无线电系副主任、电子工程系主任、电子学研究所所长，是中国高校中第一个电真空器件专业和电子学研究室的创建者，电子学院前身电子器件系首任系主任。撰写了中国第一批微波电子学教材和专著，长期从事微波管的研究，在中国首先提出行波管和返波管小信号增益参数工作区域的理论和设计步骤。

我国著名微波电子学家和教育家陆钟祚教授，不仅是我大学期间指导我攻读硕士研究生的导师，而且由于我有幸留在母校工作，始终在他的教导、关切、帮助和鼓励下成长，所以陆先生是我受教最长、受益至深的师长。

1961年我在南京工学院无线电系电真空专业毕业时，正值我国第一批大规模招收研究生，我荣幸地被陆先生收为弟子。我得知入选消息时十分高兴，就跑去见陆先生，想请教如何上课，但是得到的回答却只是几门课程的名称,要我自己找资料自己学习,并要我写出论文来。这是跟大学生截然不同的学习方式和方法。开始我既感到不理解,又感到困难重重,怎么办呢?"只有靠勤奋",陆先生总是这样教育我们。

▲ 陆钟祚教授(左)在和陈章教授(右)讨论电子学人才培养问题

确实,在做研究生的那四年中,我们几个人,几乎天天是一早啃着烧饼到研究室,直到深夜才回宿舍。就这样在宿舍、研究室、饭厅三者之间周期性地"振荡"着,从不记得有什么休息日和假期。只有在遇到问题而实在难以解决时,我们才去请教陆先生。他总是精辟地解答问题,往往见解十分深刻;对我们交上去的论文作业,陆先生总是一字一句地改,甚至一个一个地纠正标点符号。我们在这位严师面前,从不敢马虎学业。陆先生对研究生的培养方法,以及他认真严谨的教学态度,为东南大学在新形势下培养研究生奠定了基础。我有幸作为他的弟子真是受益匪浅,不仅从他那儿学到了很多专业知识,更重要的是学到了从事科学研究的方法,以及作为一个科学工作者应该具备的素质。可以说,四年中学到的东西,使我终身受益,这也是促使我以后成长的重要基础。

▲ 韦钰（中）和导师陆钟祚（右）、德国导师 H. Dring（左）合影

陆先生是我国真空电子学领域研究生教育的开创人，他在教学中对我们要求十分严格，不仅要求我们认真学习理论知识，而且要求我们亲自去做实验，完成严格的工程训练。我做的是微波电子管方面的课题，要做实验，不仅要自己去跑材料，安装测试设备，自制仪器，而且先得把管子做出来。在学校当时的条件下，要制作先进的行波管谈何容易。我感到太难了，就去找陆老师，他谆谆教导说："最先进的、探索性的成果，大都是在自己制作的设备上首先做出来的。最早的波导管不是用先进的电弧焊和精密钳工加工的，而是研制者用锤子，利用白铁皮敲出来的。研究工作者要知难而进，要发挥自己的创造性。"就这样，做研究生的四年中，我们不仅完成了理论学习任务，还完成了行波管制作、测试和整机安装任务。我的论文"变频行波管"选题也是在陆先生的指导下完成的，我的研究主要是在大讯号分析中发展了当时国际上已有的理论方法，并装出整机参加了1966年全国高校科研成果展览会。

1978年以后，国家开始实施改革开放政策，要选派一批出国进修人员，陆先生热情地推荐我，鼓励我去报考。当时"文革"刚过，而我的家庭在"文革"中也受到影响，按当时的情况是不能列选的。可是陆先生挺身而出为我担保，派人到苏州我父母所在地做了调查，澄清情况。通过考试，1979年我被选中为第一批赴德留学人员。出国期间，我也一直得到陆先生的热情支持，我赴德攻读博士学位可以说是在陆先生的鼓励和指导下完成的。在回国以后，陆先生又支持我开辟新的学科，帮助我度过了起步最困难的时刻，挺身而出挡住了一些干扰。可以说，如果没有他的支持和教育，是不会有我们东南大学生物电子学新学科的建立和发展的。

陆先生数十年如一日，一心扑在人民教育事业上。他思维敏捷，处事稳健，诲人不倦，育才爱才，待人坦诚，民主公开，严以律己，坚韧勤奋。他虽不善辞令，但直言不讳，求实尚实。我每次拜访陆老师时，总能在聆听中得到教益和温馨的鞭策。陆先生是一位为我国电子工业和电子高教事业贡献了全部智慧与心力、桃李中外、业绩卓著的前辈，更是一位永远为我们后辈所崇敬的楷模。

（原载于2002年4月6日《光明日报》）

毕生奉献电子器件事业

——闵詠川教授传略

闵 卓

(闵詠川之女，东南大学人文学院原党委书记)

简介

闵詠川（1916—1979），著名电子学家，江苏武进人。1939年毕业于国立中央大学（东南大学前身）电机系，与陆钟祚教授等组建国内第一个电真空器件专业，是东南大学电子学院前身电子工程系第二任系主任。

闵詠川前期专注于气体放电及离子器件研究，后期转向激光器件研究，并倡导集成光学研究。1916年1月22日，闵詠川出生于江苏省武进县（今常州市武进区）；1939年7月，毕业于国立中央大学工学院电机系并留校担任国立电机系助教，承担电力、电信实验课及电话学、电工学课程教学任务和电力电信实验室管理工作。1943年8月至1945年7月，闵詠川担任国立中央大学电机系讲师，承担电报学、电话学、电工学等课程的教学任务。1945年春，闵詠川考取公费留学资格，7月赴美国哥伦比亚大学研究院深造超高频电子学等，并在工厂实习，同时还在纽约全国广播公司学习电视技术。1947年回国后，他到交通部从事技术工作，兼任国立中央大学电机系副教授。

　　1949年新中国成立之初,时任南京大学工学院电机系副教授的闵詠川主持承担了汞弧管的复用技术项目,解决了当时城市交通急需的一种直流电源关键器件的问题,粉碎了美帝的封锁,并为此获得学校的表扬和政府颁发的"和平"奖章。1952年起,闵詠川任南京工学院无线电系教授、副系主任,担任电子学、电视学、电子管理论、工业电子管、离子管、离子管设计与计算等课程的授课教师,指导学生课程设计、生产实习、学生实验、实验室建设等;同年,闵詠川教授又接受系主任陈章教授的委托,与陆钟祚教授等组建国内第一个电真空器件本科专业,当年即招生开课。中国科学院院士刘盛纲教授、中国工程院院士韦钰教授等,当年就是从这个专业毕业的。为了满足国家需要和专业结构优化,1958年电真空器件专业设立了离子管专门化,由闵詠川教授领导。当时南京工学院在离子管方面的科学研究具有全国性的影响。除了在学科规划和队伍建设方面付出大量精力之外,闵詠川在这一阶段的主要论著有《闸流管计算设计的研究》《低气压汞蒸流中弧点固定情况的研究》,译著有《电子管计算与设计基础》《气体与真空中电视学》(合译)。1960年4月,闵詠川教授获南京工学院"先进工作者"称号。

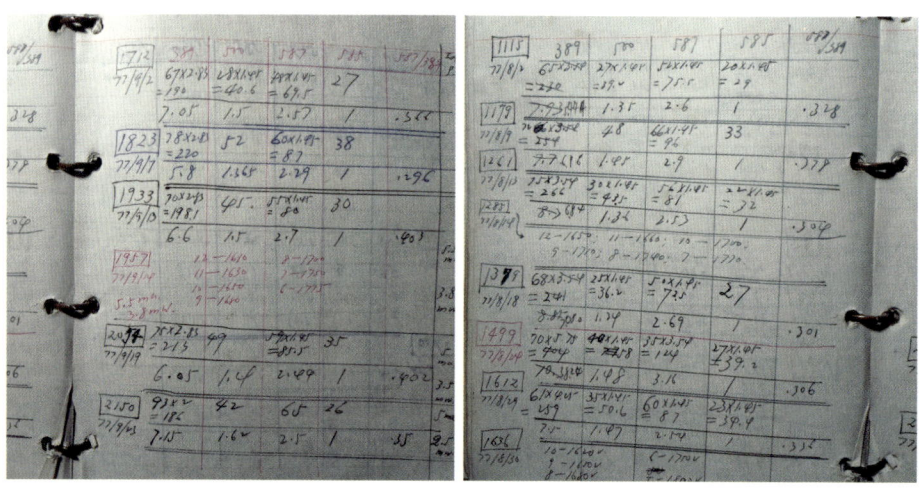

▲ 1976年闵詠川教授激光科研项目测试数据记录

1961年，闵詠川作为主要负责人之一，参与筹建了南京工学院电子器件系（1977年更名为电子工程系），并担任该系教授、副主任。1962年起，闵詠川兼任国家科委电工学专家组成员。1977年，他在创办南京工学院激光专业中发挥了重要作用。

1978年5月，闵詠川担任南京工学院电子工程系主任，同年筹办成立江苏省激光学会，并在国内学术界率先提出发展集成光学的创新思想。1979年4月，江苏省激光学会正式成立，闵詠川担任首届理事长，并在国内较早发表了一批集成光学和激光研究方面的理论成果和实验成果，如《集成光学现状和未来》《内腔式氦氖激光管寿命研究》《气体激光器中有关的谱线增宽的理论和实验》《He-Ne激光器寿命快速测试的探索》等。1979年暑期，他完成了《激光参量测量》这部研究生教材，填补了国内这方面的空白。

在经过十年"文革"的内乱之后，闵詠川教授拖着伤病的身体，不论严寒酷暑、节假日，每天坚持到实验室测定、综合实验数据，撰写科研报告。一直到他病重住院前三天，他还坚持亲自到实验室测试记录数据。在住院期间，他和疾病做了顽强的斗争。直到临终前一天，他仍念念不忘教学和科研工作。闵詠川为学院留下了宝贵的精神财富。

闵詠川教授曾担任国家科委电工学专家组成员暨变流分组的专家组长、江苏省电子学会学术委员、南京市政协委员、南京工学院院务委员会委员、南京工学院学报编审组组长、民盟南工支部主任委员等职务，一生著述及撰写教材百万余言。

（撰写于2002年5月）

致力于终身探索的勇士
——记韦钰院士二三事

闵 卓

简介

韦钰，1940年2月出生于广西桂林，电子学专家，中国工程院首批院士，国际欧亚科学院院士，电子学（生物电子学）与教育管理专家，教育部原副部长，东南大学教授、博士生导师、原校长。电真空专业1956级校友，长期从事微波电子学、生物电子学和分子电子学的理论和应用研究工作；在中国高等教育改革、教育网络建设和发展现代远程教育方面做出了重要的贡献。

东南大学电子科学与工程学院各路院友群英荟萃。在这诸多的人才之中，有一位在这里度过了青少年时代、取得骄人成就的毕业生，她就是中国工程院院士韦钰教授。她于1979年出国深造取得德国亚琛工业大学电子学博士学位与博歇尔奖章。1983年回国后，她在中国首倡生物电子学学科并建立南京工学院生物医学工程系，她也是1988年5月南京工学院更名为东南大学后的首任校长。她曾在1993年至2002年任教育部副部长，世纪之交又开始进行脑科学与青少年的科学教育项目，至今育人不辍。我有幸于1987年5月至1992年6月在韦校长身边担任秘书工作，能够近距离地感受到韦校长的工作特点和付出的努力。现从个人的角度做一些回忆，表达对这段岁月的纪念。

一个人的成长离不开大的社会环境。20世纪50年代，正是新中国建立初期，各项事业在抗美援朝战争胜利和学习苏联的背景下蓬勃发展。1952年，经过院系调整，学校被命名为南京工学院。这一年，无线电系主任陈章教授委托他的两位副主任——陆钟祚与闵詠川教授成功组建国内第一个电真空器件本科专业，当年即招生上课。1956年，16岁的少年韦钰怀着学好科技建设祖国的理想激情，考上了这个专业。1961年，这个专业从无线电系分出去，成立了电子器件系。1977年，电子器件系更名为电子工程系。2006年，该系又组建成电子科学与工程学院。

1961年，韦钰大学毕业后欣逢国家在三年困难之后首次招研究生的机遇，她被选为电子器件系陆钟祚教授的研究生，刻苦深造了4年，到1965年8月毕业，随即留校任教。"文革"十年造成的损失和痛苦自不待说，但年轻的韦钰不愿浪费时间，她学习外语和科技新知识，终于在1979年获得首批出国进修的机会。在国外的经历也是极其艰辛的，但韦钰克服了种种困难完成了博士学位的学习。

▲ 学生时代的韦钰院士

1979年我到学校工作，还未见到韦钰，已经得知她的许多感人事迹。记得我最早见到她是1983年她刚从德国回来，她当时43岁，冬天里的装束是国外的样式，一件长的呢子大衣，一双短帮皮靴，齐耳短发，一副学生模样，十分清纯，待人也很热情。在电子学界已崭露头角的韦钰，在国外抓住生物电子学、分子电子学的前沿趋势，回国后毅然转到新的学科方向，在南京工学院党政领导支持下成功筹建生物医学工程系，招收研究生。这时又逢国家改革干部制度，需要年轻的专家型的管理人才，韦钰教授不久又被推上领导岗位。

1987年1月，时任南京工学院副院长的韦钰教授被任命担任院长，这是南京工学院历史上的第一位女院长，也是最后一位院长。我是那年5月4日从宣传部校刊调到她那里工作的。在她身边工作的5年间，我们经历了拓展浦口校区、更名东南大学、实行校内综合管理体制改革、庆祝建校九十周年等大事。韦校长一边负责校行政管理，同时还要主持生物电子学新学科的建设，任务十分繁重。我作为秘书主要职责是处理校长的信函、校务会议记录、办理具体事务，以及一些文字工作等。记得韦校长上任后的第一个办学瓶颈问题就是校园土地面积过小，已经影响到国家工程中心的申报等等。因为国家教委及计委（现发改委）对国家级科学实验基地的设立除专业技术的考察外，还有对大学校园土地面积的要求。学校当时只有四牌楼校区（不含宿舍区）的200多亩面积。这时，韦校长与时任南京市市长张耀华、浦口区区长陈学龄等同志多次联络，我曾陪校长去过张市长那里，也曾随学校领导班子去浦口看地。尽管当时领导班子中对浦口校区的交通需过长江大桥有不同意见，但毕竟利大于弊，浦口校区一期征地1 000亩，于1989年开工，一年后也就是在1990年就招生了。不久，学校的国家振动工程研究中心也获得批准，教学科研开始跨上一个新台阶。

韦校长平时行走速度很快，在办公室走廊里，几乎是在小跑。她每天的工作内容是非常多的，节奏很快。她很守时，就像精准的钟表一样，我们这些她身边的工作人员时刻感受到这种工作的压力与严格要求。在她身边，我学会了言简意赅，用最简单的一两句话说清一件事或问题，以节省时间提高效率。

现在人们都提到著名的"钱学森之问"，那是2005年钱学森向看望他的国务院总理温家宝发出的感慨：为什么老是"冒"不出杰出人才？其实，在高教界，早在此前的20年，即1985年的时候，就有人提出了类似"钱学森之问"的反思，并且找到了初步答案：由于模仿苏联的专才教育体制，将综合性大学切割成一个个专业高校，破坏了学科内互相渗透的客观规律，造成了通才教育的缺失。因此，一个要求恢复综合性高校办学体制的潮流兴起。名不正则言不顺。在这种时代潮流下，韦校长站在前列，日夜辛劳，带领广大师生员工，经过各方努力，终于在1988年5月恢复了1921年时的"东南大学"校名，并让实行综合性大学体制和开展通才教育的办学理念的实践由此进入新阶段。随后进行的校内管理体制改革打掉了分配上的大锅饭，成了教师承接科研项目的强力助推器，这次改革也让东南大学成了全国高教系统的试点单位，当时全国各地高校来东大参观学习的络绎不绝。

1992年6月6日，东大迎来了建校九十周年校庆。当时海内外校友纷纷回到母校，著名的美国物理学家、中央大学时期的校友吴健雄教授夫妇也回到四牌楼校区，她为东南大学题词："母校的新气象和新精神给我们留下深刻印象。"吴健雄教授还亲自参观了浦口新校区，在看到那里设备齐全而整洁的学生宿舍时，吴教授微笑着拍拍老伴袁家骝教授的肩膀说："家骝，我们以后就到这里来住住吧！"喜悦之情，溢于言表。我当时陪在他俩的身边，这个场景，至今不能忘怀。在九十周年校庆期间，以及1988年庆祝恢复"东南大学"校名的活动期间，早在1921年东南大学时期毕业的校友也纷纷返校庆祝，如时任全国人大常委会副委员长的中国科学院院士严济慈先生，中国科学院院士、著名语言学泰斗吕叔湘先生等，而中央大学期间毕业或工作的海内外著名校友来得更多，包括台湾地区校友代表等。常言道：一个老人就是一个博物馆。老人往往带有重要的史料和活生生的经验教训，给我们后人许多教益。著名科学家与教育管理家顾毓琇先生就是一例。他和夫人王婉靖专程从美国赶回母校，在校庆九十周年期间还庆祝了自己的金婚。在庆祝仪式上，他更多关心的是母校师生员工团结和教育的发展。他告诉我们历史上难忘的一幕：20世纪20年代中期，正当东大名师荟萃、学科迅增、事业恢宏、校誉大著之际，1925年1月，突发易长风潮，历时一整年，余波连三载。全体师生几乎均被卷入了旋涡，教师间裂痕加深，队伍分裂。一大批著名教授先后离去，大多去了北大、清华，其中有数学大师熊庆来、国学大师柳诒徵、哲学家汤用彤、物理学家叶企孙、化学家任鸿隽和张子高、心理学家陆志韦、生物生理学家秉志、地学奠基人竺可桢、文学教授吴宓等。有人认为，当时的清华学校由于吸纳了诸多从东南大学去的著名教授，为该校几年后升格为大学奠定了师资骨干的基础。这位担任过中央大学校长的顾毓琇教授语重心长地告诫大家，办大学，领导班子和师资队伍的团结奋进是最重要的。

1993年初，韦钰校长调任教育部副部长，分管科研与外事。此后我与她的联系不多，但我知道她在教育部任上又有许多新的建树。1994年她被遴选为首批中国工程院院士。在21世纪初，韦钰院士又开始研究学习科学，并启动了青少年"做中学"的科学教育项目。这个项目历时10年，取得了丰硕成果，也获得了国际上的高度评价。

2006年寒假，韦院士从北京回到东南大学给研究生讲授神经教育学等脑科学领域的课程，我也去旁听了几天，获益匪浅。多年来，无论担任何种行政职务，韦教授都没有停止教学科研和育人工作。

岁月如歌，一路送人前行。如今，韦钰院士虽然已步入古稀之年，但她依然活跃在教学科研和培养博士生、硕士生的学术第一线。她以科学研究作为自己的生活方式，令人十分感佩。我与大家一样，衷心地祝愿她愉快康健，生活幸福，在振兴中华的长征中，不断探索，取得研究和培育人才的新的更大成绩！

（撰写于 2011 年 7 月 31 日至 8 月 19 日）

童林夙

顶天立地为人，精益求精做事

简介

童林夙（1933—2020），满族，辽宁沈阳人，中共党员。1955年毕业于北京大学物理系。曾任东南大学电子科学与工程学院博士生导师；国务院政府津贴获得者，我国电子物理学领域的领导专家之一，我国显示器件技术领域的著名专家及领头人。

采访人： 您的父亲童寯先生是中国建筑界的宗师，您自己和夫人也都是电子和无线电方面的专家，您的两位儿子也分别是5G通信领域的领军人物和建筑业的大师。您一家三代都如此杰出，您觉得是什么保证了童家的一门家风能够获得很好的传承？

童林夙老师： 我父亲那一辈三兄弟都很有出息。我父亲童寯是东南大学建筑学院教授。我三叔是上海制药厂的厂长。他曾经到美国Johns Hopkins（约翰斯·霍普金斯大学）进修，带回来了盘尼西林（青霉素）的生产设备。三叔一家都研究药学，分别任职于上海医药、医科、医工研究院。我二叔留日归来后任职于丰满水电站。他们都是第一批出国后回国干成一番事业的。我就生活在这样一个大家庭里。

到了我们这一代，父辈希望我们不要从政，而是应该专心念书。他们的一举一动也都在我们眼里，我们看着他们是怎么求学

▲ 童林夙教授（左二）与时任剑桥大学电子工程系主任 Bill Milne（中）合影

的，自己也就自然向他们看齐。父辈们不仅专业过硬，而且涉猎广泛，文学、音乐、绘画都很精通，古诗、英文诗倒背如流。我父亲看名家的书画时也会指出败笔。当时我很惊讶，这些名家怎么还会有败笔啊！但其实谁没有败笔呢？所以，我们从小就被父辈灌输了一种是非自有公论的观念。大家都是平等的，并不因为我是父亲，你是儿子，你就只有听从我的份。

而到了童文、童鸣（童林夙教授的儿子）这一代，我们也是这样教育他们的。他们提出的问题，我能解答的就解答，解答不了的就承认不知道。平时我们希望他们多结交家境贫寒人家的孩子，所以他们到现在都很朴素、谦虚、内敛。有一件事情我印象很深，童文在加拿大的研究所做工程师，设计了一款手机芯片，总是被退货。他请其他工程师一看，发现热量散不出去，而且有信号干扰。原来平时我们在教学里用的面包板都很大，散热和干扰不会出问题，但是因为手机芯片小，元件又靠得近，即使原理是对的，功能还是实现不了。后来童文大概花了两个星期改进了设计，终于成功了。之后他又优化了几次。从此以后，他对整个芯片开发流程渐渐熟悉，能够很快地发现问题、解决问题，渐渐地也成了大家公认的权威。现在他凭借自己手上的大量专利，在华为资金的支持下，带领团队研究5G技术，成为华为5G首席科学家，技术方面可以和高通平等对话，甚至在某些方面美国也比不上他们。

其实做人也是这样，第一，要学会做人。首先要诚实、说真话，这样你才能学到真本事。其次不要计较，要宽容。第二，业务基础要好，只有在能力上高人一等，才能让别人信服。举个例子，为了让儿子打好基础，我曾经在暑假里给他们出题目，一次出1 000道物理题，让他们在一小时内至少答出100题，做完了我来批改对错，第二天再让他们把错题的正确答案告诉我。我就是这样通过反复的练习，帮助他们打好专业基础的。我们当代大学生基本素质是好的，但是也有一些不足。比如，我们国内的大学生的知识面不广，他们除了学习自己的专业课程，兴趣涉猎也不广泛，也不太关注人际关系的处理。因此，希望大家充分利用课余时间，多读书、多交朋友，增长见闻。一个人的精力总是有限的，这时就需要结交朋友，通过团队合作，来推进整个项目的进行。总而言之，做人的学问、做事的学问都很重要，做一个顶天立地的人，要在人格上站得住，也要在业务上拔尖。

采访人：您觉得您在求学和工作中遇到的最大的困难是什么？是如何解决的呢？

童林凤老师：我觉得遇到的最难的事是社会的动荡和个人学业的冲突。不过我秉承一个信念，就是无论发生什么，都要好好念书，而且让自己研究的方向符合国家的需要，推动国家的发展。

有很多人不知道自己的书念出来是干什么用的。所以，要正确处理读书和实际生活之间的联系。我们国家现在投入巨大的人力物力培养人才，而这一代确实推动着国家快速发展。但是就像钱学森提出的问题，为什么我们的学校总是培养不出杰出人才？拼命干活的人有之，干得不错的人也有之，但出类拔萃的人很少，这就反映了教育上还有缺陷。什么缺陷呢？你们看世界杯吗？这一届的世界杯和以往有很大不同。以前都是人口大国占优势，人多嘛，肯定精英多。但是今年人口几十万的小国却突飞猛进。为什么呢？就是因为它的"临门一脚"，准确找到对方的弱点。我们培养的人就缺乏临门一脚，临门一脚要有全方位的指导。有的球员可以以一敌五，知道怎么躲避对方的防守球员，怎么防住别人抢球，但就是进不了球。这就像我们的学习，常常只看到局部，这个方程怎么解，我们很清楚，但解了之后该用到什么地方却不知道，所以就打不开局面。一定要带着问题看问题，去思考知识技能用在哪些地方，怎么去解决实际问题，要坚持长期思考，才会有豁然开朗的时候。我们现在就缺这么个"临门一脚"。你要知道哪个地方有空档，你才能"砰"的一脚把球踢进去。这就要求我们的青年学子要有整体观念、全局观念。

▲ 童林夙老师（左）参加 2007 年亚洲显示国际会议时与等离子体显示发明人、时任国际信息显示协会 SID 主席 Larry F. Weber 教授（中）、刘璐老师（右）合影

采访人：在当代的社会背景下，作为电子专业的学生，应该重视哪些能力和素质的培养？

童林夙老师： 我认为基础很重要。一个是理论基础，一个是实践基础。就实践而言，比如我们专业，真空泵就是基础问题之一。老师要求你拆，你就需要亲手把它拆下来。你不能因为怕吃苦说"我不拆，我要看书"，你应该跟着老师学习怎么修、怎么拆。我们那个时候，老师会挨个提问，比如螺钉的制作为什么必须对称？因为压力要均匀。你必须对基本的设备有深入了解，才能掌握相应的知识。否则，知识的掌握就不牢固。

▲ 采访团队与童林夙教授（中）合影

采访人：您对我们当代大学生党员有什么期望和建议？

童林夙老师： 我希望现在的大学生党员不要去计较地位和金钱。我听说现在很多大学生，只喜欢找那些赚钱多的、更舒服的岗位。实际上那些你现在看着很好的岗位，过几年也不过如此。你真正需要找的，是那些有机会和很多优秀的人交流的岗位，这样你才有机会充实自己、提升自己。如果你整天只是在为钱而奋斗，可能最后只得到了钱，但是丢失了很多东西。等到你真的需要过硬的专业技能时，才发现自己已经拿不出了。盲目投入一个暂时很赚钱的项目，等到你完成的时候，可能你就没用了。所以，我们大学生要坚持学习，有长远的眼光，通俗点来说，你要让上司感觉到你一直是有用的。

另外，希望大家遇到困难，不要一个人硬扛，要懂得与他人协商、合作，集体的力量往往能解决一个人解决不了的问题。

采访后记

经过与童教授的交谈，我们可以感受到，童教授对理论基础和实践基础很重视，同时他还希望我们插上大局观的腾飞之翼，踢出"关键一脚"。这不仅仅是童教授对后辈莘莘学子的希望，更是自己一生的生动写照。童教授一家人都怀抱对祖国的赤诚之心、对真理的执着追求，真真正正地贯彻了认认真真做学问，让书香门第的纯正家风代代相传的理念。这给我们树立了一个榜样、指明了一个方向，指引着我们砥砺前行。

（采访团队：电子学院本科生党支部；时间：2019年1月）

杨鸿生

多次发明专利，填补领域空白

简介

杨鸿生，1938年1月出生，浙江嘉兴人。东南大学电子科学与工程学院教授、博士生导师；1962年毕业于南京工学院电子工程系并留校任教，同年加入中国共产党；中国电子学会微波分会专业委员会委员、江苏省真空电子与光电子学专业委员会委员、东南大学毫米波国家重点实验室学术委员会委员、中国科学院高功率微波与电磁辐射重点实验室学术委员会委员、中国电子学会高级会员、IEEE高级会员、美国纽约科学院成员；享受国务院政府特殊津贴；累计独立培养博士生13名、硕士生36名；发表文章149篇，其中80篇发表在国际刊物和会议上；拥有国内外专利27项，其中国外专利6项；科研成果分别获得省部级二等奖与三等奖，合编全国统编教材《毫米波技术与器件》（东南大学出版社出版）。

采访人：杨老师您好，我们了解到您1962年在电子工程系毕业后选择留校任教，是什么促使您留在电子工程系任教呢？

杨鸿生老师：当时选择留校任教后，领导把我分配给系主任陆钟祚教授当助手，协助并参与电子系研究室的筹建工作，并担任6系研究室测试组组长，承担三公分反射速调管频率稳定系统的研究工作。我带领我的团队，圆满地完成了任务，频率稳定度达10^{-7}。这个成果填补了国内相关领域的空白，组装后的机器还在全国高校科研成果展览会展出。1979 年党组织派我出国深造,1980 年我于上海外国语学院出国预备部进修英语半年,1981 年 3 月 5 日抵达美国威斯康星大学 E.C.E 系进修并参与科研工作,课题是"用回旋管产生的微波加热核聚变的反应装置",美国称为"托克马克"。圆满完成任务后,我的科研成果发表在 IEEE-AP 1985 年的杂志上。随后,我又被校方延聘了半年。半年后校方要求我继续延聘,被我婉言拒绝。1983 年 9 月 3 日,我准时回国,投入紧张的科研教学任务中。

▲ 杨鸿生老师在美国威斯康星大学

采访人:您在 1989 年首次提出了圆形槽波导,您能给我们讲讲圆形槽波导的开创性意义吗?其中有没有什么有趣的故事呢?

杨鸿生老师: 关于圆形槽波导,是 1989 年我在国际会议上首次提出来的,它可以应用在军用和民用两大领域。军用上可以用来制造功率合成器,民用上我们制备了微波化学反应装置,后来进一步应用在了甲烷合成乙烯的课题上。提出了圆形槽波导后,引起了国内外科学家们的注意。韦钰院士在博士生答辩会上问博士生,

"圆形槽波导"是你提出来的还是杨老师提出来的？博士生回答，是杨老师提出来的。韦钰院士说，我之所以提这个问题，是因为在科研历史上，曾经发生过李政道和杨振宁的发明创造之争论。南京大学吴培亨院士在国家重点

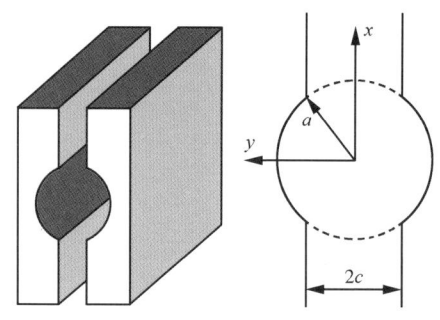

▲ 圆形槽波导横截面图

实验室向上级年度汇报时说，一个人一辈子能有几个发明创造？应该汇报杨老师的圆形槽波导课题。刘盛纲院士与我讨论工作时说，"你不是有个'圆形槽波导'吗"，他对我的工作表示了赞赏和肯定。英国微波专家哈利斯通过江苏省电子学会访问我时问："你为什么要发明'圆形槽波导'？你是怎么发明的？"陆钟祚教授在看到我们在IEEE-MTT上发表的"圆形槽波导"的文章后感叹地说："微波领域总共也没有几种波导，居然有一种波导是中国人发明的。"

采访人：您刚刚提到圆形槽波导应用在了甲烷制造乙烯的课题上，您能给我们简单介绍一下这个课题吗？

杨鸿生老师： 乙烯是重要化工原料，世界上采用的主要工艺是从石油裂解后生成的石脑油中制取。石油是重要战略资源，其来源会随着国际政治形势的变化而波动。100年前，科学家就想用天然气中的甲烷来制造乙烯，至今尚未获得成功。我们从圆形槽波导出发，先后制造了行波式圆形槽波导微波化学反应装置、谐振腔式圆形槽波导微波化学反应装置，最后发展到圆形槽波导微波化学反应设备，这是一系列原创性的发明创造。在这个过程中，我们独辟蹊径采用了独特的技术路线，即从天然气中的甲烷直接转变成乙烯，这个技术路线获得了圆满成功。甲烷单程转化率达99%以上，乙烯单程产率达99%以上。整个生产过程绿色环保，不用催化剂，在1个大气压下进行制备，原材料利用率近乎百分之百。我们的这

一发明创造，对天然气化工和微波工业具有重大的促进作用。该课题解决了该领域科学家们百年来想解决而未解决的世界级难题。该成果于2006年12月通过了江苏省科技厅主持的科技成果专家鉴定会，鉴定委员会主任是中国电子科技集团第十四研究所的张光义院士。会议的结论意见是：该课题研制的圆形槽波导微波化学反应装备属国际首创，拥有全部的原创性自主知识产权，该乙烯生产技术已达到国际领先水平，建议加快该成果的产业化进程。

鉴定会以后，张光义院士对我们说："杨老师，你们太伟大了，太了不起了，你们对国家贡献实在太大了。"北京市石油化工科学院舒兴田院士说："你们这个成果是国内第一大新闻，也是世界第一大新闻。"我们于2006年为该成果申请了7个国家的发明专利，中国、美国、日本、德国、英国、法国和韩国都已经批准，现在一直在支付专利费。这一重大的发明成果，诞生在中国，诞生在江苏，诞生在东南大学电子科学与工程学院微波实验室。这是中国的光荣、江苏省的光荣、东南大学广大师生员工的光荣，也是扬子乙烯广大职工的光荣。

▲ 杨鸿生老师在实验室

采访人：真是非常了不起的成就！最后，2021年正值东南大学电子科学与工程学院60周年院庆之际，您对电子科学与工程学院的未来有什么祝福与展望？

杨鸿生老师：60年来，东南大学电子科学与工程学院培养了大量的高质量的博士生、硕士生和本科生。他们大多成为中国科学院微电子研究所、中国电子科技集团第十二研究所等国家重点科研单位的主要负责人和国内电子工业国有大企业的总工程师，为我国的电子科学和工业发展奉献了毕生的精力、做出了杰出的贡献。在电子学院众多毕业生中，还诞生了多位科学院院士、工程院院士以及博士生导师。建院初期，电子学院只有陆钟祚教授一名博士生导师，现在已经发展到拥有很多名博士生导师，博士点得到了很好的巩固和发展。随着国家建设形势的发展和需要，我院新专业和新学科蓬勃发展起来。祝愿我院在新的征程上，继续保持国内领先优势，取得更多丰硕的成果。

（采访团队：OSCC研究生党支部；时间：2021年9月）

凌一鸣

理论指导实践，科研报效国家

简介

凌一鸣，1940年8月出生于江苏苏州，籍贯浙江嘉兴，东南大学电子科学与工程学院教授。1962年毕业于南京工学院电子工程系后留校任教，从事气体电子学、气体激光及其应用、低温等离子体理论及其应用等方面的科研和教学工作。1988年晋升为教授，1996年起任东南大学电子工程系博士生导师。其研制的玻壳结构氩离子激光器于1981年5月获国家发明四等奖，高功率扁平放电管氦氖激光器于2007年1月获教育部技术发明一等奖。

采访人：凌老师，我们了解到您在气体激光器领域取得了丰硕的成果，您能跟我们分享一下您的经历与体会吗？

凌一鸣老师：我的一个重要研究方向是高功率氦氖激光器，其中"扁平放电截面气体激光器"于1989年8月获准了美国专利。

我申请美国专利的背景是这样的：1976年12月，常州热工仪表总厂来我们教研组调研，他们想研制一种紫外光敏放电管。1972年美国总统尼克松访华送给我国的一件礼物是一套发电机组，其关键部件就是这种放电管。它的工作原理在书上也没有提过，只能向美国购买，但是美方提出要收取巨额的专利费。我根据自己在气体放电方面的理论知识和实践，提出了一些建议。两年后，仪表总厂终于研制出了这种放电管，并证明我当时的想法

▲ 凌一鸣教授（左二）与采访同学

是对的。所以我当时就有个想法，今后如有发明也要申请美国专利来反制美国人。

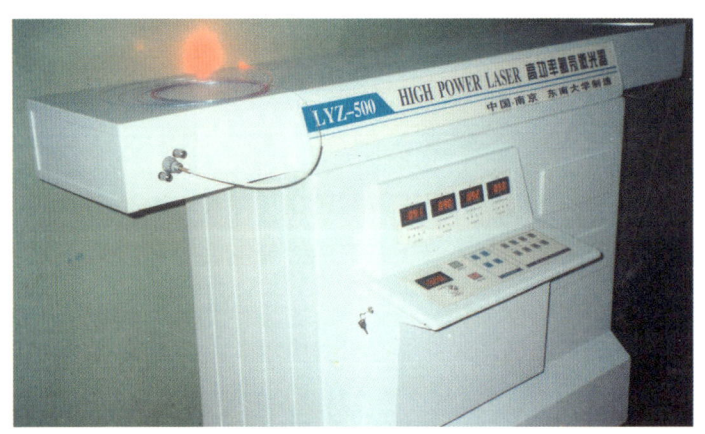

▲ 扁平管氦氖激光器及其实验室样机

后来，从理论研究出发，我提出了用扁平放电管研制氦氖激光器的设计理念，明显提高了其输出功率。在有关单位的资助下，这项成果于 1986 年 3 月申请了美国专利。次年开始的专利实质性审查过程是十分艰难的，专利代理部门告诉我，美国专利局已有二三百年历史，其数据库包含全球一半以上的信息量，而且它对发明的理解也有差异，强调的是发明的"非显而易见性"。通过书面答辩，专利代理部门对我的两轮陈述提出了八篇对比材料，这些在我国专利局的数据库里都没收录，并驳回我的申请。经过反复推敲、分析思考，最终我还是充分发挥了我的专业知识优势，批驳了他们提供的八篇对比材料，通过了审查，取得了美国专利权。这一过程持续了一年半之久。在这艰难的日子里，我只有一个信念：我的发明理念没错，我不能输给美国人。

▲ 1995 年 6 月，在由国家自然科学基金委员会组织的鉴定会前，凌一鸣教授（左三）向王大珩院士（左二）、吴承康院士（左一）和陈明哲教授（左四）汇报工作

采访人：凌老师，您刚到电子科学与工程学院的时候，学院的实验室条件或者办公环境是怎样一番景象？这么多年来，电子科学与工程学院发生了哪些变化？

凌一鸣老师：我是 1957 年来南京工学院念书的，当时学校由刘雪初同志主持工作，他提出南京工学院教学改革的一系列措施后，整个学校呈现出崭新而极具活力的面貌，学生和教师的积极性被充分调动，大家热情地投入学习科研实践之中。相比今天，那时候学院的实验室和办公环境是比较差的。但我认为，一个学院的竞争力在于学者而非实验仪器，比如西南联大作为战争时期的大学，却培养了许多做出杰出贡献的学者。多年来，电子学院也在不断变化。我很明显地感觉到，现在的科研场所、设备条件和科研人员的生活物质条件都有了极大的改善，这离不开我们国家整体实力的提升。不仅如此，学生和老师的思想观念也更加开放，评价体系日渐多元化。各种科研的、教学的创新理念和对研究的独立见解，都在相互交流碰撞，可以算得上百花齐放、百家争鸣了。

采访人：凌老师，在这院庆的日子，您对电子科学与工程学院的学生有没有什么希望和寄语呢？

凌一鸣老师：我希望电子学院的学生可以做到下面三点：

第一点，要明辨是非，要知道什么是对、什么是错，判断的依据很重要，要能客观地认识事物。

第二点，作为理工科的学生，我们要具备良好的实践能力。实践是检验真理的唯一标准，一切学习到的理论，最终要落实到实践上，脚踏实地方能有所精进。

第三点，我们要培养对事物的分析能力，分析事物间的相互联系和因果关系，提高自己的理论水平。理论上的突破往往会迎来质的飞跃。

▲ 凌一鸣教授（中）与采访团队合影

最后，希望我们的学生在各方面严格要求自己，再接再厉，把目光放到提高自己真正的能力上去，勤思考肯钻研，在国家建设中贡献力量。

采访人：谢谢老师，您对我们学生的期望我们会牢记在心！

（采访团队：601研究生党支部；时间：2021年9月）

孙小菡

不忘科研初心，薪火代代相传

简介

孙小菡，1955年6月出生，东南大学电子科学与工程学院教授、博士生导师，1974年12月入党，担任中国电子学会通信分会副主任、真空电子学分会副主任、江苏省通信学会光通信与线路专委会主任、南京光通信与光电子学会理事长，曾任东南大学电子工程系主任。

几十年来一直在微波与光波电磁波波段领域从事器件、传感/通信与子系统的教学与科研工作，在分布式光纤传感技术、高速大容量光纤通信与网络理论与技术、光调制器/开关和无源光子集成器件、综合传感网理论与技术、电子器件与系统可靠性技术等方面开展科学研究与技术攻关，取得一系列科技成果，其中部分成果正在进行孵化。

采访人： 孙老师好，我们了解到您是1974年入党的，请问您入党的初心是什么呢？作为一名有着47年党龄的老党员，您现在的心和当年的初心有哪些一样和不一样？

孙小菡老师： 首先非常感谢采访小组利用宝贵的学习时间采访我。你的这个问题把我一下子带回到那个时代。我生在新中国成立后的20世纪50年代，长在红旗下，从小被父母播下热爱中国共产党、热爱祖国的种子。高中毕业后作为知识青年下放到农村后，我自然地想加入中国共产党成为一名先进分子。因此，作为下放知识青年，我主动与淳朴老实的乡亲们打成一片，在农活和各项工作中的表现还比较好，于1974年底光荣地加入了中国共产党。几十年来，我初心未改，始终用共产党员的标准严格要求自己，无论在哪个地方，我都在各项工作中走在最前面，用自己的实际行动来践行一个共产党员的责任和担当。

▲ 孙小菌教授接受采访

采访人： 您刚到电子科学与工程学院的时候，我们科研基地的实验室条件和工作环境是怎样一番景象？现在我们的东大OSCC中国（南京）软件谷基地有哪些变化呢？

孙小菌老师： 我是20世纪70年代末读研究生时进入教研室开展科研的。当时，学院的前身为南京工学院电子工程系。电子工程系以专业、教研室建制。几十年前，中国高校的科学研究浪潮还没有到来，实验室主要是为本科生开设各类课程的课程实验台。幸运的是，南京工学院约在1964年获得教育部批准，成立了电子学研究所。研究所以物理电子器件专业为主设立，其前址位于东大金陵院西北部的电子所小楼，那里形成了电子工程系科研基地的雏形。

改革开放后，在党和国家以及学校的大力支持下，经过几十年发展，电子工程系的科学研究取得了长足的进步。以我们 OSCC 为例，2000 年后，在国家大政方针的指引下，学校出台了一系列政策，引导并促进学院或系基层组织与教师开展产学研工作。我们于 2005 年起，在学校和学院的大力支持下，开展产学研工作，取得了一点点成绩。2012 年底，国家发展改革委批准建立了 OSCC。2014 年，中国（南京）软件谷向东南大学伸出了橄榄枝，与东南大学签订了合作共建 OSCC 协议，建立了如今拥有 6 000 平方米的科研基地。这与几十年前的教研室相比，有着很大的变化。

采访人：那您在我们东大 OSCC 中国（南京）软件谷基地教书育人和工作科研的过程中，发生过令您最难忘的片段或故事是什么呢？

孙小菡老师： 有两个片段。第一个片段，我认为高校科研基地的很多工作是要传承的，我就从教授和指导过我的老师们身上学习到很多东西。南京工学院的校训就是严谨求实、止于至善。我于 1981 年初留校工作后，我的老师们，包括我的研究生导师杨祥林教授、研究生指导小组的张明德教授和程玉琪老师以及徐淦卿教授，都给我很好的指导和指引。他们在教学、科研工作中止于至善的作风是引导我不断前行的动力。

第二个片段，作为研究生指导教师，我肩负着为国家与学校培养优秀人才的重任。我认为学生身上有很多宝贵的东西值得我学习。郑宇同学是电子学院一名优秀的学生，2014 年他在我的指导下完成毕业设计后，作为我的直博生进入 OSCC 中国（南京）软件谷基地。众所周知，直博生在读博过程中会遇到很多困难，也会产生不少苦恼。但是他在与我充分沟通交流后，排除万难，潜心科研，从创新思想的产生到具体验证的过程中，摸索出正确的、切合自己的研究方法与实验手段，很好地完成了科研工作，圆满完成了学位论文。他活跃的思维、永不停息的创新精神与深邃的科研思想，给我留下了深刻印象。2019 年毕业后，他到中国电子科技集团公司第十四研究所工作，不到一年就在国家级大科学工程中脱颖而出，担任课题负责人，开始挑大梁，圆满完成课题任务，成绩突出。作为一名老师，我为学生的成绩感到骄傲、欣慰。

采访人：您觉得在当前的时代背景下，我们电子科学与工程学院的学生需要具备怎样的品质与能力呢？

孙小菡老师： 进入电子学院学习的本科生和研究生都是当代青年中的佼佼者。除完成课程学习外，建议各位同学学会独立思考，能在科学研究工作中学会质疑，并在质疑的基础上大胆地提出自己的设想来进行严格的论证。在校期间的科研工作中掌握正确的分析与解决问题的方法，完成"质疑-创新-论证-结论"完整的逻辑过程后，可终身受益。希望电子学院的学生们不负时代使命，在科学研究中不断探索，在创新之路上越走越远。

采访后记

在采访的最后，孙小菡老师表达了对电子科学与工程学院60周年院庆的祝福：

一年之计，莫如树谷；十年之计，莫如树木；终身之计，莫如树人。在电子科学与工程学院成立60周年之际，衷心祝愿学院在立德树人、科学探索、技术攻关和科技成果孵化等一系列工作中取得更加骄人的成绩，祝愿学院永列双一流学科前列。

（采访团队：OSCC研究生党支部；时间：2021年9月）

崔一平

科研筚路蓝缕，师生情谊绵长

简介

崔一平，1957年10月出生于江苏南通，东南大学电子科学与工程学院教授、博士生导师，国家高层次人才、国家杰出青年科学基金获得者，美国光学学会Fellow、国际照明委员会（CIE）副主席、中国照明学会副理事长、江苏省光学学会理事长、江苏省照明学会理事长，Journal of Nonlinear Optical Physics and Materials 和《光学学报》编委。曾担任电子学院副院长。

长期从事光电材料与光子集成技术的科研工作。相继开展了微纳光子材料与生物探测应用、集成光子器件与技术、非线性光学材料与器件等方面的研究工作。先后主持完成国家自然科学基金重点项目、"973"项目、"863"项目等国家和省部级研究项目及课题数十项，同时在微波光子集成研究领域承担并完成了多项国防重大与重点项目。在 Advanced Materials、Journal of the American Chemical Society、Small、Nanoscale、Optics Letters、Physical Review B 等国内外学术刊物上发表SCI收录论文500余篇，被同行他引8 000余篇次。参加了《激光物理》、《强光光学及其应用》、Physics of Nonlinear Optics 等著作的编著。

采访人：崔老师您好，请问当时是怎样的契机让您选择在电子科学与工程学院做老师的？

崔一平老师：我是在1977年，也就是恢复高考的第一年参加高考并考入南京工学院的。1977年之前，由于高考的取消，我们国家的人才非常缺乏，各高校处在急缺人才的局面中。作为恢复高考后的第一届毕业生，我们这届硕士研究生毕业后就有不少同学留校。当时电子学院有好几个方向，包括"61""62""63"专业，我所在的方向是"62"专业，最初专业为气体放电器件专业，后来改成了光电子技术专业。当时每个方向都有同学留校，我也就是在这样的背景下，有幸留校做教学和科研工作的。

采访人：在您做学生或老师的时候，师生之间有没有发生一些难忘的故事？

崔一平老师：这个还是很多的，我早期作为学生时，在校期间就和我的老师们有很多交往。那时候学生少，老师和学生沟通的机会特别多。后来我留校以后，作为年轻教师，比我年长的老师们也给我留下了很多宝贵的东西。当时整个学校的研究条件很差，包括研究基础、设备平台、科研经费等，都十分匮乏。尽管工资水平不高、条件艰苦，但是我的老师们依然坚持在科研一线，潜心研究。我的导师韦钰院士行政工作十分繁忙，可她始终站在科学的前沿，对学科最新的进展十分敏锐，同时也给予我许多关键性的指导，使我终身受益。杨正名教授从我本科到研究生乃至我留校任教，一直手把手地给予我指导和帮助。我的成长离不开他们的教导，这一切对我后来的成长产生了至关重要的影响。

在我任教期间，部分同学来自偏远的农村和山区，生活非常困难，但他们仍坚持学业，老师们就会自发地给予这些学生物质资源上的帮助，这给我留下了很深刻的印象。

平时我对自己的研究生比较严格，当我遇到困难需要帮助的时候，同学们会毫不犹豫地伸出援手。我印象特别深刻的是，2016年我夫人在上海住院，我刚好也生病在南京住院。女儿在上海照顾我夫人。我的同事和学生们就自发给我很多照顾。这些往事都是我们师生情感的印证和体现。

▲ 崔一平老师在接受学生采访

采访人：您刚刚在电子科学与工程学院留校任教的时候，那时学院的实验室条件和办公环境是怎样一番景象？

崔一平老师：我是 1984 年留校的，那个时候实验设备非常陈旧，和国外相比差距特别大，几乎没有先进的仪器设备。我记得我读研究生的时候，很多设备都是自己动手做的，不像现在有条件购买先进的实验设备。在那样的情况下，我们还是能够开展很多工作，克服种种困难，确实相当不易。

到后来，我们逐渐可以进口国外的仪器和设备，实验环境得到了改善。我们"62"专业的情况比较特殊，"62"专业原来研究的是气体电子学，当时的设备主要是真空设备。随着学科的发展变化，从 90 年代开始，我们就考虑研究方向的转变，从原先的气体电子学器件转到光电子、先进光子学领域。自 1997 年起，在老一辈老师的支持下，我就着手转变实验室的研究方向。当时气体电子学的很多东西都已经非常产业化了，想要再做研究、拿项目、拿经费非常困难，所以必须做前沿的东西。于是我们从教师队伍到学科方向进行了一系列改变，先后开拓了非线性光学、纳米生物光子学、集成光子学等研究方向。要形成新的研究方向，原来的平台和设备都需要更换，这对我们来说是一个很大的挑战。但是经过全体师生数十年的不懈努力，我们建起了国际一流的研究平台，取得了一系列研究成果，在国际上产生了一定的影响。

采访人：您觉得这么多年来，电子学院发生了哪些变化？

崔一平老师： 过去几十年，电子学院发生了很大的变化，我仅就光电子方面谈一些体会。光电子是电子学的一个重要分支，研究的频段包括可见光、紫外和红外等。随着信息技术的迅猛发展，信息载体电磁波的频率转移到光频段，这就使得信息传输、处理、存储的速度与容量增加了几个数量级，随之也就对光源、调制器、探测器等光器件提出了新的要求。

目前光器件的主要趋势是器件向高频、大带宽、阵列化和集成化方向发展。而且，在基于量子调控材料及低维材料的新型光器件研究中，产生了许多新原理和新功能器件。还有就是基于学科交叉的光子技术，例如：微波光子技术兼备了微波的高分辨和光的大带宽，在民用和国防领域具有广泛的应用；生物医学光子技术为疾病的早期诊断治疗以及病理和新药的基础研究提供了新手段。这些变化促进了光电子学应用领域的拓展和新技术的出现。

▲ 崔一平教授作交流演讲

采访人：据我们的了解，您在非线性光学、纳米生物光子学以及光通信和光传感技术等领域都取得了一系列研究成果，请问您是如何对这些领域进行学习和研究的？因为对于我们研究生而言，研究很小的一个方向都是存在非常多困难的。

崔一平老师：在研究生选题时，我经常告诉我的研究生不要太在意做什么课题。一个不争的事实是，他们将来工作以后做的东西肯定和现在的不一样，也就是说，改变是必然的，换研究方向也是很正常的。整个科学技术在不断发展和更新，一个人不可能老是做以前的工作。我在20世纪80年代开始研究非线性光学，那时非线性光学其实还是很前沿的。到2000年左右，非线性光学已经在信息技术上被广泛应用，所有的通信系统都要用到非线性光学器件。到后来，光学研究领域又涌现出了许多新方向，纳米光子学、生物光子学、集成光子学等等。我们团队的老师较多，我们也就拓展了几个相对稳定的研究方向。对我而言，在国外的时候，我就非常关注这些方向的发展情况，对这些方向的认识过程也是循序渐进、逐步深入的。对我们同学而言，由于积累的时间比较短，会感到做自己的方向都要付出很大的努力，这是很正常的。当你们研究的时间长了以后，也会接触到很多新的东西。我们要能快速掌握新的知识，最关键的在于基础。

300多年科学技术的发展历程，为什么能够发展得这么快、这么好？在牛顿之前，也有很多科学技术涌现，例如天文学，从地心说到日心说，再到对整个宇宙的探索，它是一个不断认识的过程。但是那时对自然规律都是定性的理解和认识。而现代科学技术之所以能发展得这么好，非常关键的一点就是把数学引入了对自然规律的描述中。伟大的科学家牛顿的名著《自然哲学的数学原理》为近现代科学技术爆炸式的发展奠定了坚实基础。这使得自然规律可以用数学来表达，自然现象也就在一定程度上可以被定量描述，甚至可以被准确预测。

对于电子学院的同学来说，自始至终要依托两组方程——麦克斯韦方程组和薛定谔方程。有了这两组方程，电子学的绝大多数命题皆可以迎刃而解。我比较偏爱数学和物理，这对我的研究有很大的帮助。

▲ 崔一平教授与采访团队合影

采访人：您觉得当代大学生应该具备哪些品质，您对电子科学与工程学院的学生有没有什么希望和寄语？

崔一平老师：我们的同学能够考进东南大学可以说素质都是很高的，我对你们充满信心。我觉得做人诚实、做事踏实是最为重要的。我们做科研，不能弄虚作假，要尊重客观规律。谈到对同学们的期望，有以下几点建议：

第一点是我们国家现在发展到了一个非常重要的时机，过去几十年发展非常快，我们往往都喜欢用"机遇与挑战并存"来概括我们所面临的环境。但我的理解是我们国家过去的几十年里，机遇是大于挑战的，而我们将来面临的挑战更为严峻。我们国家目前的科技水平已经有了长足的发展，但是和国外最先进的技术相比，尤其在核心技术上，还是有较大的差距。中国有句古话叫"国家兴亡，匹夫有责"，我们的同学应该有这样的责任感，有这样的家国情怀，要为中华振兴做出自己的贡献。

第二点我想说的是，每个同学要充分了解自己、认识自己，只有这样才能知道自己适合做什么。每个人都有自己的强项和擅长的方面，找准自己的位置和兴趣所在，这对未来的发展尤为重要。在考虑这些问题时，尽量不要受利益驱使。一旦受利益驱使，就会影响我们的判断，使自己做出违心的选择。

第三点是勤奋和努力，天资能够起到一定的作用，但不会起决定性作用。大多数成功者都是非常努力的，而不一定是天资聪颖的。因此，要静下心来，经过一段相对长期的努力，你就能够达到你所期望的目标。

这是我对同学们的三点建议，供大家参考。

采访人：谢谢崔老师，感谢您在百忙之中接受我们的采访！

（采访团队：APC 博学党支部；时间：2021 年 9 月）

王保平

见证学院发展，共启崭新篇章

简介

王保平，1961年6月出生于安徽芜湖，1979年考入南京工学院电子工程系电真空器件专业，1995年在东南大学电子工程系获得博士学位，2013年1月当选国际信息显示学会会士。历任东南大学电子工程系显示技术中心教授、副主任、主任，电子科学与工程学院院长，东南大学人事处处长，东南大学校长助理，东南大学副校长、常务副校长等职务。

采访人：王老师，我们知道您大约在1979年就与东南大学结缘了，到现在已经有四十多年了。您觉得这么多年来，电子学院或者整个东南大学发生了哪些变化？

王保平老师：要是对比四十多年前，那肯定是有很大的变化。当年我们入学的时候，跟你们现在入学的背景差得比较远了。那时候，"文革"刚结束，1977年恢复高考，我们79级是"文革"后恢复高考的第三届。1979年入学的时候，新生年龄相差非常大，生源也很多样，除应届毕业生外，还有从农村、工厂等各种渠道考过来的。

因为经历了动荡的十年，大家十分珍惜在学校读书的机会，所以那个时候不用再教育，我们在学校学习都是非常刻苦的。

1979年入学时，我们学院叫电子工程系。我记得有个趣事：当时，我是自己一个人坐火车来学校报到的。晚上，辅导员找我谈话说："你们班上就两个人是自己来的，一个是你，另一个是从上海来的，就选定她（李丹）是书记，你是班长。"从那以后，我便当了四年的班长。

电子工程系那时有三个专业方向，"61"是电真空专业，"62"是激光专业，"63"是半导体专业，再加一个"60"师资班。电真空专业学时非常多，平均每周30多个学时，实践教学学时也很多，我们的动手能力得到了很好的锻炼。

▲ 电子真空管

采访人：在您的学习工作生涯中，有没有哪位老师对您产生了比较大的影响，或者影响了您教学生涯道路上的抉择呢？

王保平老师：我印象最深刻的是徐淦卿老师、童林夙老师，他们都已过世了，还有高中林老师和陈珏老师。他们对我的成长和职业选择影响太大了，我自己的人生道路中很多选择都受到他们的影响。

我记得当年徐淦卿老师上的一门专业基础课，有一个物理公式，一般来说，物理公式是根据数理方程求解得出的，但徐老师把这个公式从物理概念上一步一步推导出来，加强了学生们对公式的理解。在当时的电子系，徐老师是大家公认的最佳授课老师。

童林夙老师是我的博士指导老师。1992年,我考上了童老师的博士生,并从研究生院调回电子系"875工程"实验室,开始了我的博士研究课题。在我的博士论文选题上,童老师指导我选择了当时比较热门的跨学科领域集成真空器件,从事真空集成场发射器件研究。童老师还多次送我出国参加国际学术会议,并为我联系和确定了在香港科技大学进行一年多的博士后研究,为我后来的事业发展打下了良好的基础。

▲ 王保平教授

采访人:王老师,能跟我们讲讲您在电子科学与工程学院的工作经历吗?

王保平老师:1992年我回到电子系读博,系主任就先安排我当研一的辅导员。我整整带了他们三年。做辅导员要把学生当成自己的孩子、自己的兄弟姐妹一样,这样的心境才是正确的工作态度。我在本科时期就担任过班长,研究生时期也担任过班长、党支部书记和班主任,这些和学生们打交道的经历,对我做辅导员和后来的管理工作非常有帮助。

2000年,电子系面临行政班子换届,在大家的推荐下,经学校党委批准,我担任了系主任,与时龙兴、黄庆安和崔一平等教授组成了新一届班子。在大家的共同努力和全体教职工的大力支持下,电子系取得了很大发展,先后获批国家重点学科和国家重点一级学科;第三次和第四次学科评估时,东大电子系排名在全国前三的位次,排在北大和清华之前。如今东南大学电子科学与工程学院这么好的局面,是一代又一代电子人共同努力的结果。作为学院本硕博毕业生,能为学院建设到今天这个水平做出贡献,我感到非常骄傲和自豪。

当时,新班子成立时,我们就说团结就是力量,无论有多大分歧,别让不同的见解成为日后合作的障碍。我们做到了这一点。

▲ 王保平教授与采访团队合影

采访人: 非常感谢王老师在百忙之中接受我们的采访,让我们了解到王老师在电子科学与工程学院的学习经历与工作经历,让我们切实感受到电子科学与工程学院几十年的变化。

(采访团队:显示中心研究生党支部;时间:2021年9月)

堵国樑

站稳三尺讲台，桃李下自成蹊

简介

堵国樑，1962年7月出生于江苏宜兴，现任国家级实验教学示范中心、东南大学电工电子实验中心副主任。长期从事电路与系统学科教学和科研工作，主要研究嵌入式系统研究与应用、图像处理与传输等；主讲"模拟电子电路""数字电子技术""通信电子线路""单片机原理与应用""电工电子技术导论"等多门课程，编写了《电子电路基础》《电子电路基础学习指导》《模拟电子电路基础》及《全国大学生电子设计竞赛优秀作品设计报告选编》等多部教材；国家级精品课程"电子电路基础"主要负责人，参与了国家级精品课程"综合电子系统设计""数字系统课程设计"建设，参与国家精品资源共享课程"电工电子实践课程""电子电路基础"建设，负责的"综合电子系统设计"课程被评为国家级精品资源共享课程。曾荣获江苏省教学成果特等奖、国家级教学成果一等奖、宝钢优秀教师奖等多项荣誉，指导学生多次获得国家级和省级电子设计竞赛奖项。

采访人： 堵老师，您参与了电子科学与工程学院多项课程建设，如"电子电路基础""电工电子实践基础"等，您可以分享一下多年执教过程中的体会吗？

堵国樑老师： 开始的几年，我跟着老教师做助教，负责答疑、改作业，这些工作对提升教学基本功有很大帮助。入职后，我主要负责的是模电课程的教学，回头来看，确实存在难度。最早沿袭下来的教学体系，从半导体器件讲起，之后是三极管，然后教电路，最后再去讲运放（运算放大器）等等。虽然这有它的道理，但根据我这么多年了解到的学生的体会和我个人的教学体会，这门课对学生来讲入门是很难的。半导体器件的载流子看不见摸不着，比较抽象。所以我前几年和几位老师一起，对课程的体系结构做了调整：从实用出发，强调学生在学完课程后的应用能力。我在电工电子实验中心也设计了各种实验，希望我们的学生能顺利学下来、用起来。总之，通过调整教学的方式和思路，并把课程理论与实验相结合，我们希望这门被学生称作"魔鬼电子"的模电课程，更容易被学生接受和掌握。

▲ 堵国樑老师进行教学经验交流

采访人：堵老师，您指导过电子设计竞赛，许多学生获得了很好的奖项，做出了优秀的作品。您可以谈谈自己这些年指导竞赛的感想吗？

堵国樑老师：这个工作我于 2010 年接手。东南大学的电类是强势学科，电子设计竞赛在学生层面是有价值的。竞赛促进了学生创新实践能力、团队合作能力的提升,是学生提高综合能力的平台。于是在2010年,学院在全校范围成立了电子设计竞赛指导团队,整合了资源,由电工电子实验中心提供仪器设备和环境条件。不同的老师可以充分发挥自己的专业特长,给学生提供公平的指导,这就是设立电子设计竞赛指导团队的好处。

从宣讲开始,到校赛选拔、暑期培训和最后的省赛国赛,我们建立了完整的比赛架构,也开设了许多课程。11年下来,我对这方面的工作是很欣慰的。电子设计竞赛对学生电子系统设计的各个方面能力、思维、方式方法都有很大的帮助。我想,教学过程就是为学生添把火、加点油的过程,每个环节都会起到些作用。

▲ 堵国樑老师(左一)指导学生进行电子设计竞赛

采访人: 堵老师,您刚来电子学院时,当时的科研条件与办学环境是怎样的一番景象呢?来到学院这么多年,您觉得变化最大的是哪些方面?

堵国樑老师: 我是1979年入学的,1983年毕业后留校。当时我们电子工程系主要的教研场所是金陵院,环境还是比较拥挤的。工作条件这些年发生了很大的变化,电子工程系也演变为现在的电子科学与工程学院。我在学院工作的 38 年时间，变化发展是渐进的，有很多地方发生了变化。我们的师资水平在提升，实验室的条件在改善，我们学生的能力也越来越强。当年上课，主要依靠板书，而现在有各种各样的形式，PPT 是最基本的了，还有各种网络在线资源，有各种交互方式。从教学的角度来说，教学条件和环境一直在改进。从学科的发展来看，电子学院这些年设立的各个学科，发展得红红火火，我想这些都是多年来陆陆续续发生的变化。我们都能看到电子系或者说电子学院一直有着向上的势头。

▲ 堵国樑教授与采访团队合影

采访人：最后，堵老师您对电子学院的学生有什么希望和寄语呢？

堵国樑老师：总体来说，我们学院的学生是比较优秀的。

首先，要脚踏实地，这是做人做事很重要的事情。现在诱惑太多，作为工科的学生，要脚踏实地、学好做好。

其次，要主动培养创新意识。现在的社会，要想做出好作品，一定不能墨守成规，必须靠创新创造才有可能打出一片新的天地。

再次，希望学生培养团结协作的精神。从当今发展来看，没有哪个事情是可以靠单打独斗完成的，希望大家在学习实践中有意识地培养团队协作能力。

最后,也是最重要的一个方面,大家一定要重视身体健康。身体是革命的本钱,只有体魄强健,才有可能为国家做贡献,才有可能成为领军人才。

采访人:谢谢教授,您对我们学生的期望,我们会牢记在心!

(采访团队:电子技术教研室学生党支部;时间:2021年10月)

黄庆安

坚定理想信念，勇担社会责任

简介

　　黄庆安，1963年1月出生于河南洛阳，1991年在东南大学获博士学位，毕业后留校任教至今，从事MEMS教学、研究与开发工作，国家高层次人才获得者、IEEE Fellow。2001年创建东南大学MEMS教育部重点实验室并担任主任（2002—2019），曾任东南大学电子科学与工程学院院长。在MEMS业界公认的国际顶级期刊JMEMS（IEEE，双月刊）发表论文23篇；在国际会议发表论文被CPC收录100余篇（其中7次特邀报告）；主编英文丛书1部（Springer）、中文专著2种、译著8种；以第一获奖人获教育部自然科学一等奖2项（2002、2006）、技术发明一等奖1项（2018），江苏省科学技术一等奖1项（2016），国家科技进步奖二等奖1项（2019）。

　　采访人：黄老师，我们本科的时候上过您的一节微电子机械系统概论导论课，记得当时您就提到自己本硕博都不是在一个学校就读的，您是由于怎样的契机到不同的学校深造并最终来到东大的呢？

　　黄庆安老师：我觉得在三个不同学校求学是个人求学发展情况决定的，不是我自己有意而为之。但是从结果来看，我觉得这对个人的发展比在一个学校更好。

　　为什么会在三所学校读书呢？在20世纪80年代的时候，有硕士点的学校非常少。我本科所在的学校是合肥工业大学，它也是全国重点大学，但这个学校的强势学科是机械，当时还没有设立电子专业的硕士点，想读硕士只能换学校。后来我考研考到了西安电子科技大学。读研以后，我觉得做研究特别有意思，于是硕士毕业以后想读博士。但是当时的西安电子科技大学微电子专业没有博士点。1987年我考博士，那一年的全国高校微电子博士点只有三个，分别是清华大学、南京工学院、复旦大学。我考上了南京工学院。次年2月我入校报到时，它改名为东南大学，所以我也算是东南大学的第一批学生。

所以我当时求学也不是说有意识要考三个学校，而是要上学那就必须换地方。我一不小心走了三个学校，这有很多好处，比如校友多。校友的感情都是天然的，有亲近感，关系也比较好。

采访人：您读完博士之后就留在东南大学任教，您当时抱着怎样的想法？

黄庆安老师： 当时那个年代正在改革开放，在开放的过程中，我们的计划经济和市场经济是在不断改进过程中的。高校属于事业单位，工资是统一的，但在市场经济下，你的收入是你自己努力的结果。所以我们学校我这个年龄段的老师特别少，有很多人选择出国深造，但是我选择留了下来。我当时留校的动机，主要还是有科学家的梦想，是这个理想信念一直支持着我。

采访人：刚刚您讲到当时学院博士很少，不知道您留校的时候，我们学校的实验室的条件是怎么样的？

黄庆安老师： 当时因为国内刚刚改革开放，条件非常差，经费也很少，实际上我留校的时候坐的凳子是50年代的，一个板凳一张桌子。实验室条件也很差，连通风橱都没有，做化学刻蚀实验时，只能拿电风扇往外面吹，非常艰苦。

采访人：这些年来咱们学院变化也是很大的，现在九龙湖电子信息大楼也在建设当中，您对这些变化有什么看法和想法吗？

黄庆安老师：咱们国家加入 WTO 是一个转折点，中国进入世界大循环。2002 年我去美国开会，第一次到伯克利参观他们的实验室。看到世界顶级大学的实验室后，我就发现当时我们的实验室水平不行。没有金刚钻，怎么揽瓷器活？在"985 工程"实施之际，我们陆陆续续买了一些设备。后来 2005—2006 年，我到美国的一些高校参观，如加州大学尔湾分校（UC Irvine），看到他们的设备跟咱们的是差不多的，那段时间就感觉好多了。

然后我就开始思考我们之间产生差距的原因，我们的设备差不多，为什么科研水平比不过他们？我们反思了自己前面的工作，开始从自身找原因。后来发现是我们师资队伍水平不够。2006 年我们就做了一个计划，所有老师都需要出国交流，咱们的老师需要提升。自从 2006 年开始这个规划以后，到现在为止，我们实验室老师在国外进修一年或有发达国家学位的比例超过 90%。

▲ 黄庆安教授在作学术会议发言

采访人：您从事科研和教育这么多年来，有没有一些印象比较深刻的，或者感受比较深的人或事？

黄庆安老师：在学校里面，首先是培养人才，要培养对社会有用的人才。在这个过程中老师很重要，但这个也和学生的志向有关系，有的学生受家庭影响也非常大。举个例子，我有一个2014年毕业的学生，当时苏州工业园区建设微机电系统（MEMS）生产线缺人，我打电话问他愿不愿意去，正好可以给他一个锻炼的机会，他同意了。去了以后，他做得也非常好，做到了苏州微纳公司平台技术总监的位置。外面的大公司也围着要他，把他给挖走了。那天他打电话给我说："黄老师，我想换个地方。"我说："行，换个地方。"

其实每个人都有自己的一些想法。我觉得每个人虽然走的路各不相同，但是找到一个自己想做的事情并努力去做，这样会有一个比较好的发展。

就像我一直说的，不管你是本科、硕士还是博士毕业找工作，关键的事就两点：第一个就是你得喜欢，兴趣还是很重要的；第二个是要有社会责任感。我上课也反复强调，"985"院校毕业的硕士，在你们这个年龄段上下5岁范围内，1 000个人里面只有1个，这是非常少的。也就是你受的这种教育是1 000个人里面才有1个能得到，你应该给社会做更大的贡献，这就是社会责任。

采访人：黄老师，咱们MEMS实验室也是您参与创办的，当时创建实验室的时候遇到过什么阻力或者困难吗？

黄庆安老师：更多的可能是压力。我是1991年博士毕业留校当老师的，当时我们学院面临掉队的问题。1999年的时候，我在做副系主任，我们学院还叫电子工程系。在申报国家重点学科时，老一辈老师们已经退休了，同年龄段的都出国或者离开了，就剩我和秦明老师两个人做MEMS，老师太少了，所以就没有通过。之后我接着去申报教育部重点实验室。当时我们做的是微电子，我就思考教育部重点实验室报什么方向呢？国家微电子重点实验室在复旦大学，这个我们肯定报不了。我正好在做 MEMS，所以我把材料重新写了一下，去申报 MEMS 重点实验室。

2000 年 6 月，我去北京铁道大厦答辩，由于我们实验室老师人数极少，成果弱，又没有通过。当时 MEMS 学科还没有现在的阵势，全社会没几个人知道，是一个新兴的方向。学校副校长就跟科技部再汇报，科技部觉得从布局来讲，整个国家没有这个实验室，可以再论证一下，所以到 2000 年 9 月又论证了一次。中间经过不断的努力，这才通过。

论证以后我的压力非常大，因为实验室老师很少，而实验室 5 年就要评估一次。当时就我和秦明老师两个人，所以后来我就招聘老师，但因为收入问题，那时候还没人愿意当老师。后来于虹老师、廖小平老师、李伟华老师、唐洁影老师等陆续加入了我们。第一次评估是 2007 年，做 MEMS 的老师就 7 个，体量还是非常小。那次评估我们的压力还是非常大，好在我们有 90 年代做的成果，落在评估期里面。2002 年和 2006 年各有一个教育部自然科学一等奖，都是我们 90 年代做的事情。因为有两个教育部的一等奖，所以那次评估就通过了。

之后我们的压力依然非常大。后来我当院长，继续招老师，比如招进了孙立涛老师等，陆陆续续教师队伍逐渐壮大了起来。

采访人：您觉得在当前这样一个时代背景下，学生需要具备怎样的品质和能力？

黄庆安老师：第一条就是我们的学生要勤奋。勤奋在我看来是排在第一的，不管你做什么事情，做开发也好，做研究也好，都需要勤奋。第二条，我们的学生需要有毅力。不管做什么事情，都不能半途而废，需要坚持下去。毅力在工作和生活上都是一样的，你做一件事情到了不想做、做不下去的时候，就和运动员跑长跑最后一圈一样,都需要坚持下去,突破自己的极限,我们也一样。这两条是最基本的。

▲ 黄庆安老师接受学生采访

采访人: 不知道您有没有关注,近期其实有一件热度很高的事情,就是孟晚舟回国。在当前中美博弈的背景下,作为电子科学与工程学院的学生,在特殊的半导体行业,您对我们学院的学生有什么期望或者是寄语?

黄庆安老师: 我是这么想的:首先我们要尊重科学规律,国家也一直强调开放国际大环境,坚持开放交流,就像最近说中关村要搞先行示范区,以成为世界科学中心为目标,也请了很多国外的专家讲话,这是因为我们国家实事求是、注重国际合作、坚持对外开放。这些国际交流合作是必须要做的。现代科学从牛顿时代开始已经300多年了,而我们才几十年而已。所以我们要坚持学习西方先进科学技术。我们鼓励学生出国学习,如果你要搞学术的话,出国是个好的选择。

其次,现在整个社会大环境都要求我们高校攻坚克难,解决中国发展所面临的"卡脖子"问题。这没有问题。但我们需要对高校的工作有一个定位：高校主要是搞研究的，负责的是培养创新人才，为企业培养并输送人才，而非为企业提供产品。这才是我们的定位。

采访人：最后希望黄老师能够给我们学院的 60 周年送上一些祝福。

黄庆安老师： 首先，我们以前出去的校友、毕业的学生表现都非常好，我很有感触。其次，我们学生的未来前景也是十分光明的，我相信这一点。最后，我希望我们能够继续努力，不要封闭自己，要开放交流，祝愿我们学院越来越好。

▲ 黄庆安教授与采访团队合影

采访人：我们也希望电子科学与工程学院能够保持高水准发展，不管是学院也好，我们的毕业生也好，都能有一个很好的未来。谢谢黄老师今天的分享。

采访后记

作为老一辈的老师，黄老师分享了自己的求学故事、自己在电子科学与工程学院的学习教学经历和为学院发展所做出的一些努力。同时，黄老师也表达了自己对学院和同学们的期盼，鼓励同学们要勤勉、有毅力，保持开放的态度。学院的进步与发展离不开黄老师这辈人的努力与坚持。就像黄老师自己开玩笑说，自己分不清工作日和休息日，每天都来上班。感谢黄老师对学院所做出的贡献。

（采访团队：MEMS研究生党支部；时间：2021年9月）

时龙兴

面向产业需求，永葆家国情怀

简介

时龙兴，1964年8月出生于江苏苏州相城区，东南大学电子科学与工程学院教授、博士生导师，东南大学首席教授。曾任东南大学电子科学与工程学院书记、院长，集成电路学院书记、院长，无锡分校常务副校长。兼任南京集成电路培训基地主任、"核高基"科技重大专项总体专家组专家、中国集成电路设计创新联盟专家组组长。长期从事集成电路设计领域的教学与科研工作，主要研究方向为面向低功耗计算与处理、低损耗转换与驱动的芯片设计技术研究，以及面向先进制程和低电压下的统计静态时序分析、良率分析等设计方法与EDA工具研发。获国家技术发明二等奖2项、国家科技进步奖二等奖1项、国家科技进步奖三等奖1项、国家教学成果二等奖2项。是国家高层次人才计划入选者、全国优秀科技工作者、江苏省"333工程"中青年首席科学家。

采访人： 时老师您好，请问当年是怎样的机缘让您选择在电子科学与工程学院留校任教的？

时龙兴老师： 当时我选择在电子科学与工程学院留校任教基本上是顺其自然。因为当时我们电子系微电子中心承担了好几个省里的专用电路设计的项目，而我本科在无线电系、硕士在电子系读书，既有电路系统方面的知识储备，又有微电子方面的背景，所以觉得研究专用电路设计比较合适。并且当时大部分岗位还属于分配工作，所以哪儿需要到哪儿去。学校这边需要老师，我就留下来了。我 1986 年底确定留校，正式留校是 1987 年的 2 月，到现在快 35 年了，当时其实也没那么多特别的考虑。

采访人：能讲一讲在您 30 多年教书育人的过程中，师生之间发生的最难忘的故事吗？

时龙兴老师：30 多年里经历的事儿很多，其中最难忘的还是我 1987 年 2 月留校、1988 年当了一届班主任的经历。这批学生是 1992 年毕业的，到现在也快 30 年了。我们班的同学发展得很好，都在各行各业为我们国家的经济建设、社会发展做贡献。当时我和他们的年龄差距很小，所以当班主任过程中，我和他们亦师亦友、共同成长，至今我们有时间还会聚会。

采访人：您能和我们分享一下现在学院的实验室条件和办公环境与您刚刚在学院留校任教的时候有哪些变化吗？

时龙兴老师：这个问题可以从两个维度回答。首先我们和全国其他高校一样，现在的办公条件和实验室条件肯定比原来的要提高了好几个量级。再从我们学院自身发展来讲，我们从校内东北角的

▲ 时龙兴教授在会议上发言

一点,发展到了现在"一体两翼"的格局:"一体"是我们本部的电子学院,另外无锡、苏州为"一翼",东大和江北计划筹建的国际创新港为另"一翼"。同时我们学院紧密地和国家、区域的产业发展结合起来,在经济社会发展当中体现我们人才培养、科学研究和社会服务的价值。

采访人:您在宽电压高能效集成电路设计等领域取得了显著的成就,请问时老师,您是如何对这些领域进行学习和研究的?您对我们研究生的学习和科研有什么建议?

时龙兴老师:做研究必须持之以恒。我从进入东大开始就一直在集成电路领域努力,最近我总结这35年我就干了三件事。最开始我主要研究专用集成电路设计的产品工程技术。从2000年开始,我们启动了对宽电压高能效集成电路的关键共性技术研究,通俗地讲可以分为低损耗供电和低功耗用电。高能效是永恒的主题,以最小的能量消耗,获得最大的计算处理能力。近几年我开启新的征程,主攻被"卡脖子"的电子设计自动化(EDA)技术。

▲ 时龙兴教授与采访团队合影

希望我们研究生做研究要做到十二个字：来自工程、高于工程、指导工程。工程可以广义地理解为国家战略、国家急需，最主要的是要满足产业需求。首先我们的研究一定要来自产业的需求、经济社会发展的需求，不能只盯着论文。同时我们的研究也要高于工程，并且可以指导工程技术，我们需要踏踏实实地解决问题。

采访人：您对电子科学与工程学院的未来有什么期待和展望？对学院的学生有什么希望和寄语？

时龙兴老师：首先，肯定是希望电子学院再创辉煌，我们电子人也要和学院共勉，一同为"东大梦"做出我们电子人的贡献。我们电子人是有情怀、有担当的，要为国家的发展建设出一份力。

同时，希望我们每一个电子人都可以坚持"五爱"：爱党、爱国、爱东大、爱专业、爱家庭。中国共产党始终坚持实事求是，不断自我修正，只有共产党才能做到带领我们国家从"站起来"到"富起来"到"强起来"，所以我们要坚定地爱党。祖国强大是每个人的依靠，特别是这次孟晚舟的回国，正是祖国强大保护我们公民的体现，所以我们要坚定爱国。而在美国制裁之后，很多人都在关注我们集成电路的发展，所以我们要爱东大、爱专业，我们东大人要有家国情怀，关注外国"卡脖子"问题，主动请缨承担国家使命。最后要爱家庭，因为家庭是一切的保障，只有家庭和睦才能安心地发展事业。

最后，还是希望电子科学与工程学院越办越好，我们电子人踏踏实实，共同奋斗。

采访人：谢谢老师，您对我们学生的期望我们会牢记在心！

（采访团队：ASIC 研究生博学党支部；时间：2021 年 10 月）

朱桂荣

严于律己,芯火相承

简介

朱桂荣,1935年9月出生于江苏无锡,中共党员,东南大学电子科学与工程学院副教授,退休教师。1965年毕业于南京工学院电真空器件专业,毕业后留校任教,讲授"电路""信号与系统"等课程,并曾任学院本科教学督导。

采访人: 朱老师您好,请问您是何时加入中国共产党的?您还记得入党的初心吗?

朱桂荣老师: 我1956年就入党了,当时还没有到东南大学来。我入党时的身份是工人,1958年国家送我到南京工学院的附属工农高级中学读书。我在这两年期间学完了初高中的全部内容,两年后我们这届优秀的学生就被保送到了南京工学院,我就是1960年进入东南大学学习的。

现在回想起来,当时环境对自己的影响很大。我们当时的环境是什么?是"没有共产党就没有新中国""人人为我,我为人人"。那些党员看见哪里有困难了他们就上,什么事情都上前去做。所以我当时想要入党,就是想多做些事,为国家为人民多做一些贡献。

采访人：您陪伴东大走过了 60 多年，也几乎是与电子学院一同成长。当初刚入校时的东大和电子学院是怎样的？如今的东大和电子学院有哪些变化？

朱桂荣老师：我感觉主要是校园建设的变化。四牌楼校区这边的地方还是这么大，榴园宾馆和逸夫楼在 60 年代是没有的。九龙湖校区那里以前空空荡荡的。现在从北门进来，能看到交通土木大楼，还有我们的电子信息大楼，很快我们"6 系"的老师同学们就能搬到这里了。游泳馆也在建设当中，各种球馆也都建立起来了，九龙湖校区变得满满当当。对如此大的地方进行系统化建设，需要一点一滴长年累月的积累。

所以经过这么多年，学校的人员变化大，学校的建筑变化也很大。

采访人：您是怎么从学生变为老师、再成为教学督导的呢？教学督导这个身份和普通教师相比有什么特别之处？

朱桂荣老师：我读完书以后，就留校当老师了，一直都教的"电路分析"这门课程。我在 1977 年至 1980 年去电子管厂当厂长，电子管厂就是如今的显示中心。我从电子管厂出来后，就去 601 教研室做电路设计。到了 1991 年左右，我又回到了显示中心，其间参与了和飞利浦公司的合同签订。

做教学督导和做普通老师肯定是不同的，教学督导主要是将教学经验传授给老师。

采访人：您对现在电子学院的青年教师有什么寄语和期望呢？

朱桂荣老师：老师的工作无非是两个方面，一个是科研，一个是教学。做科研对整个国家建设来讲是贡献，做教学带学生也是很大的贡献。作为一个从事教学工作的老师，要有责任心和爱心。

首先，作为一名教师要对自己要求严格，对学生负责任。我们当年一块黑板一支粉笔就能上讲台，现在科技发达了，有些老师更加依赖 PPT、电脑等工具。老师在课堂上要做好断电等突发情况的准备，即使发生意外也要能脱稿完成课堂教学。而且在课堂上，老师应当严格要求学生，学生不能出现上课迟到早退、课堂上吃早餐等情况。

其次，要像维护家人一样维护你的学生，要学会和学生平等相处。课上是师生关系，课后是可以多交流沟通的。

▲ 采访团队与朱桂荣老师合影

采访人： 您对同学们有什么想说的话呢？

朱桂荣老师： 第一，要珍惜大学里的学习时光。对于学生来说，大学是最后一次集中学习的机会，在学校里面的各种学习条件也是社会上无法提供的。工作之后就没有老师不遗余力地教授知识，也难以获得实验学习的设备条件等等。

第二，要提升自学能力。学校里老师教授的知识内容，对你们的人生来讲都是有限的。还有好多东西，是需要提高自己的自学能力后去自主学习的。

（采访团队：显示中心教工党支部、显示中心研究生慎思党支部；时间：2022 年 9 月）

高中林

以爱为聚，芯脉相承

简介

　　高中林（1935—2023），中共党员，东南大学电子科学与工程学院教授，曾任电子工程系主任。1954年入学南京工学院，1960年在南京工学院工程物理系工作，1962年转入电子系从事半导体专业教学工作，曾讲授"半导体物理""固体物理"等课程。

　　采访人：高老师您好，今天很高兴能有这个机会采访到您。首先我想问一下高老师，您是哪一年加入中国共产党的？

　　高中林老师：我是1952年加入中国共产党的。我1935年在陕北出生，生下来就受到党的影响。当时红军长征到达陕北，像比我们岁数更加年长的人，他们有的人曾经是红军战士，他们更令人钦佩，我们这个岁数的人只能算是那段历史的见证者。从新中国成立到改革开放再到现在，中国的发展速度令整个世界都为之惊叹。可以说中国共产党在全世界来讲是经历过最多磨难的党，也是队伍力量最强大的党。

　　我们当时入党受到的教育就是一心为公，不拿群众一针一线。还有就是党员要吃苦在前，一定要走在人民前面，起模范带头作用，党支部要起战斗堡垒作用。那么党支部应该怎样建设呢，我们那时候两个礼拜进行一次党组织生活，党支部与群众的联系非常紧密,需要时刻了解人民群众的想法,十分关心人民群众的生活状况,对群众提出的意见也十分重视。

中国共产党关心的从来不是一小部分人,而是全体人民群众。所以对于党员而言,不光是业务能力上要有所提高,思想境界上还要进一步拔高,作为党员任何情况下都不能先处处考虑自己。高校的教育一定要注重立德树人,正如习总书记提到的那样,要培养德智体美劳全面发展的社会主义建设者和接班人,实现全面发展。作为一名党员,对党的历史一定要熟悉,所以毛主席的很多著作你们都应该看看,特别是要领悟其中为人民服务的思想。

▲ 采访团队聆听高中林老师教诲

采访人:高老师您给我们上了一堂生动的党课,那么高老师您可以再谈谈对学生党员的看法吗?

高中林老师:我了解到现在学生党员很多,队伍也在不断壮大。我自己就是一个例子。我中学就入党了,年轻时就受到党的教育。大学发展党员一定要注意党史学习,提高学生党员的思想境界。还有就是你们自己的专业知识理论基础也要打好,那也是非常重要的。

采访人:高老师您有没有什么要叮嘱我们东南大学青年教师的话呢?

高中林老师:青年教师是东大的希望。现在提倡高校要立德树人,而且习总书记提到要坚持党的领导传承红色基因扎根中国大地,走出一条建设中国特色世界一流大学新路。历史上的南工很优秀,所以需要你们这一代青年教师立德树人,加强对自身和学生的管理要求,提高自己的专业能力,也要加强对学生的爱国思想教育。我虽然已经退休,但是还很关注这方面的问题。

(采访团队:APC教工党支部、APC硕士研究生明辨党支部;时间:2022年9月)

唐国洪

躬行践履，知明行笃

简介

唐国洪，副教授（有正教授资格证书），1937年出生，中共党员，东南大学电子科学与工程学院退休教师。1961年毕业于南京工学院无线电系电真空器件专业，毕业后留校任教，曾教授"真空技术""集成电路设计""集成电路课程设计"等课程。1987—1993年任电子工程系副主任，1996—1998年任电子工程系党总支书记。

采访人： 唐老师您好，今天很高兴能有这个机会采访到您。首先我想了解一下老师您的入党历程。

唐国洪老师： 我入党时间是在高中，是在1956年的5月，现在党龄已经66年了。

我们高中入党是比较严格的，第一个要求就是"三好生"：学习好、工作好、身体好。当时我学习在班上是数一数二的，同时又担任了班长和团支部书记。身体素质方面，当时入党有明确要求，要达到劳卫制二级才可以，有十个体育项目都要通过。满足这三个方面才能被评为"三好生"。当时最后一个体育项目3 000米长跑我试了几次没有通过，最后一次咬紧牙关终于通过了。第二个要求就是要上党课，对党要有一个基本认识。最后一个要求和现在不太一样，就是出身要好。我家在无锡农村，属于贫农，这方面也是符合要求的。后面我就顺利入党了。到了大学以后，作为班级里唯一的党员，我又顺理成章成了党支部书记。

▲ 唐国洪老师接受采访

采访人：唐老师您是哪一年开始担任党总支书记的？当时我们东南大学电子工程系的国内地位是怎样的？

唐国洪老师：1996年开始我在电子工程系做党总支书记，当时教职员工有一百多人。1961年，我们系从无线电工程系分出来，单独成立了电子器件系，1977年改名电子工程系。当时的系主任陆钟祚是微波技术方面的专家。所以我们电子工程系当时基础很好，国内声望也很高。

采访人：唐老师您有没有什么话要对东大的同学们说的？

唐国洪老师：首先，大家应该解决的第一个问题：为什么要学？有些学生可能认为将来找个好工作就行了，我觉得这个目标太小了。大学生应该把目标放到国家的发展层面去，要和国家发展结合起来。只有国家发展了，将来才能工作得更好、生活得更好。所以要把个人目标和国家目标结合起来，把个人的目标融入国家的目标中去，要为中华民族伟大复兴服务、为人民服务。

第二个问题：怎么学？首先是要向书本学，学习理论知识，这很重要；其次是要向实际学，这更重要。因为我们工科学生只学习理论是不够的，要和实际结合起来，才会理解得更深刻，更有创新能力。

（采访团队：MEMS 教工党支部、MEMS 硕士研究生慎思党支部；时间：2022 年 9 月）

陈国平

专精结合,学科交叉

简介

陈国平,教授,1937年出生于江苏苏州,东南大学电子科学与工程学院退休教师。1960年7月毕业于南京工学院电真空器件专业,毕业后留校任教。曾教授"薄膜物理""薄膜技术""电子材料"等课程。

学生会岁月

1955年,陈国平老师从苏州高级中学毕业,踏入了南京工学院的校门。那个时候的工科类大学普遍实行五年制教学,而普通大学则是四年制。进入大学后,陈老师发现学校的学生会成员非常活跃,组织了各种各样丰富多彩的活动,于是陈老师也加入了学生会。在大二上学期的时候,陈老师担任了系学生会主席;大二下学期,陈老师又担任了校学生会主席。那时,学校的学生会设在四牌楼校区的校东,而学生则大多住在校西。作为学生会的干部,陈老师需要住在校东,这让陈老师的日常学习和生活有了些不同的色彩。陈老师那时住在化工系的宿舍,感受到了不同专业的学术气氛,也体验到了更丰富的校园生活。

专业变革与实践

1958年"大跃进"时期,学校也经历了一些重大变化。1961

年，电真空器件专业从无线电工程系分出，单独成立了电子器件系。无线电工程系被分成了电子器件系和无线电工程系，分别是东南大学电子科学与工程学院和信息科学与工程学院的前身。"大跃进"期间，电子器件系开始办工厂，同学在进行勤工俭学的同时，可以学习技能并为系里创造财富。作为学生会干部，陈老师协助当时的老师们管理参与办厂的学生。当时能办厂的单位很少，系里的电子管厂很有名气，起初为坦克制造零件，后来也参与了飞机上的风扇管的生产。1960年，陈老师毕业，以"预备教师"的身份在电子管厂工作。1963年，陈老师正式投入教学工作。

教育生涯与海外求学

在此后的几十年里，陈老师一直坚持在教育领域一线工作。20世纪80年代改革开放后，陈老师被派往德国学习。当时出国的程序并不像现在这么简单，必须经过严格的考试，尤其是外语，除此之外还有很多严格的考核。那时出国是公派，因为老师们基本上是讲师级别，而国外大学当时并没有讲师职称，因此交流的职务对接有困难。陈老师总结出国后的经历说，不论遇到何种困难，我们都应当尽可能发挥自己的主观能动性，即使有困难也可以尽力通过自学等途径解决困难。

自主学习与知识积累

陈老师读书时上课的地点在五四楼的大教室里，两个系的学生一起上课，人数达到两百多人。为了更高效地学习知识，学生常常选择坐到前面的座位，但是人数众多，并不能次次如愿。因此，陈老师充分发挥自主性，课前积极预习知识，课中尽力学习知识，课后及时巩固，并及时向老师请教未能学透或听清的知识点。后来，陈老师的这种主动钻研的学习习惯逐渐养成，在这过程中积累了可观的知识，为以后的成就打下了坚实的基础。

反思与期望

谈到当前的教育体系，陈老师表达了自己的一些期望："现在学校的分工越来越细化，专业之间的细分无疑可以高效培养专业方向的人才，但这其实也导致学校的整体实力得不到提升，内部产生了不必要的消耗。从学院发展的角度来看，这种细分可能有效；但从高校发展和培养人才的角度，我认为这样实际上是限制了学生的发展。"

教育的宽度与深度

对教育的宽度与深度问题，陈老师提出了一些看法："同样的，苏联那套培养方式，可以培养出某一个具体方向的人才，但是学生的知识面会很受限。划分得太过细化，培养出来的很可能是仅适用于部分岗位的人才，这是一些公司希望的；但是脱离这一部分工作，受限于知识面，其实有很大弊端。"陈老师借此鞭策道："我们不应当和物理一样要求太宽泛，但也不能将专业划分得太窄。我们当年的电真空专业其实已经划分得比较细了，再往前的学术界先辈，有时只区分强电和弱电，而我们是区分了搞器件的、搞电路的、搞整机的。这方面应当做一些深入的改善。"

教育改革与跨学科合作

针对教育改革与跨学科合作，陈老师也借此提出了一些建议。他认为学校的培养方式应更为广泛，而不是仅仅针对企业的需求。

▲ 采访团队与陈国平老师合影

"尽管专业的细分在某些情况下是必要的,但如果过于狭隘,就会限制学生的视野。"陈老师期待着学校能进行一些改革,促使不同领域的专家能够共同合作,而不是分开独立。

"比如化学,本来是个宽泛的学科,现在也被细分得太过,"陈老师总结道,"例如光刻技术的研究,绝不是单一方向的学者能搞定的,而是需要光学、机械、化学等多个学科的人才共同合作。在这个过程中,如果不在精通某一个方向的基础上对其他方向也有一个最基本的了解,技术的发展就会受到很大限制。因此,同学们在日常学习中,要更加注重整体的知识积累。"

深情祝福与期望

当被问及对电子学院的祝福时,陈老师感慨万分:"我退休已经 20 年,87 岁了,学校的现状可能了解不深。当年我们学校的半导体专业曾经排在全国第二,电真空专业更是名列前茅,超越了清华。"陈老师接着回忆起过去的光辉岁月:"后来,因为一些原因,当时专业的一些高年级同学和一半老师分去了电子科大,我们系也一分为二。因此,我认为,我们应该尽可能集中力量办大事,才能够加深相互之间的合作,做出更好的成果,这样既锻炼了学生的综合素养,也积累了学院的综合实力。"

(采访团队:APC 教工党支部、光学工程系博士研究生党支部;时间:2024 年 10 月)

万玉金

不忘初心，砥砺前行

简介

万玉金，副教授，1938年出生，中共党员，东南大学电子科学与工程学院退休教师。1961年毕业于南京工学院工程物理系核物理专业，毕业后留校任教，曾讲授"真空物理""真空技术"等课程，曾任电子工程系副主任。

初见万玉金老教授，一股亲切和蔼的气息迎面而来。耄耋之年的他眼中依旧闪烁着睿智光芒，那是一种柔和且坚定的光，透露着岁月洗礼后的沉稳与从容。在一番轻松的寒暄后，我们开始了采访，听老教授讲述那曾经的光辉岁月。在长达两个小时的采访过程中，万老师始终保持着饱满的精神，一丝不苟地回答采访同学的问题，详细地分享他在东南大学求学和任教的历程。

回忆过往，不忘初心

万老师于1973年入党，是"光荣在党50年"纪念章的获得者。岁月变迁，许多过去的经历都变得模糊，但万老师仍然记着他的入党初心。他出生在农村，党的关心和培养以及国家的关怀和助力，都在他的成长过程中起到了重要的作用。因此，万老师心中始终坚信党的伟大，怀揣对党的信仰，始终抱着报答祖国的信念，这就是他入党的初心。

▲ 采访团队与万玉金老师合影

1985年1月至1987年1月，万老师作为美国韦恩州立大学物理系访问学者，在加速器实验室从事正电子研究。该研究涉及加速器、真空物理与技术、电子光学知识，这些刚好与万教授的知识基础相符。他很快就适应了此研究，并取得重要成绩，以第一作者身份在物理学权威期刊 *Physical Review Letters* 上发表论文。

在访问工作即将结束时，万老师获得了学校校长奖励基金，并被校方希望延长工作一年。但汇报大使馆教育处后，他抱着报答祖国的信念毅然决定回国。回国后，万老师再接再厉，完成了正电子湮没技术的开发和应用等重要课题，用实际行动践行了科研报国的初心。

日新月异，大展宏图

万老师自大学时代起，便与电子学院结下了不解之缘。在南京工学院电子工程系的历史长河中，他不仅是一位见证者，更是一位亲身参与者。

1956年，万老师在南京工学院无线电系求学时，学校的教学设施和宿舍条件都十分简陋。那时,南京工学院的实验室条件相当有限,与现今的实验室相比,显然缺乏许多尖端的实验仪器。

▲ 南京大学声学研究所所长、资深院士魏荣爵参观万玉金教授所在的加速器实验室

▲ 万玉金老师与采访同学在校园漫步

谈及现在的学习条件，万老师充满了感慨。万老师说，如今的学生享有尖端的实验设备和卓越的导师资源，每位导师还拥有自己的研究团队，深入探索着电子工程的前沿领域。此外，学院还吸引了许多从海外归来的教师，他们带回了先进的技术知识和经验。

对于这一切的进步和发展，万老师表示了深深的感激之情。他感谢在他之后的每一代人，为电子学院的繁荣和进步付出的不懈努力和无私贡献。

最后，万老师向我们学院教师和学生表达了他殷切的期望。他指出，我们正处于一个充满挑战的时代，但同时也是一个充满希望的时代。在这个时代，新时代的青年师生一定能够大展宏图，并且带着从老一辈手中继承下来的宝贵经验，走得更远、更好！

（采访团队：显示中心教工党支部、微固系教工党支部、学科交叉中心硕士研究生党支部、物电硕士研究生明辨党支部；时间：2023 年 11 月）

席德川

薪火相传，勇攀高峰

简介

席德川，高级工程师，1941年出生，东南大学电子科学与工程学院退休教师。1958年考入南京工学院无线电工程系，1961年分系后进入电子器件系，1963年毕业后留校任教。曾讲授"波动电子光学""信号与系统""计算机结构与逻辑设计""电子专业英语""电子光学""电视原理""单片机原理及应用""工程制图与AutoCAD"等课程。

求学岁月：互助共进的校园情

在校园里，席德川老师对老师和同学之间的互助关系有着深刻的印象。他回忆起在东南大学四牌楼校区的那些年，无论是学习还是生活，同学们总是彼此关心，互相帮助。在艰苦的日子里，常常能看到同学因患浮肿病而艰难应对学业的情形，但他们的学习热情从未减退。席老师动情地讲述道，一些女同学主动将自己的饭票让给男同学，那种互相扶持的情景温暖而动人，让在场的同学都感受到了那份温暖。

坚守讲台：疾病难挡教学热情

席老师的教学生涯并非一路平坦。在任教期间，他曾被确诊为双侧肾上腺肿瘤，医生建议他停止授课。然而，席老师并未因此退缩，他依然坚持上讲台，带病上课。得知老师的病情后，学生们在课堂上更加努力学习，同时还为他准备了许多调理的食物，以表达

▲ 席德川老师（后排左五）毕业照

对老师的感激。席老师感慨道，这种相互关怀的师生情谊令他倍感温暖。

教学理念：打开知识之门的钥匙

在谈及教学方法时，席老师提出了自己的独到见解。他认为，教师的角色就像一把钥匙，能够帮助学生打开属于他们的那扇门。他强调，学生必须经历学习与再创造的过程，才能真正掌握知识与技能。作为一名资深的教育工作者，席老师见证了中国电子技术的巨变。他强调，当前的学生要把握住时代赋予的机会，继续奋斗，争取在更多领域达到国际水准。

重视数学：科技发展的基石

在席老师的教学生涯中，数学一直是他推崇的领域。他认为，数学不仅是科学的基础，更是国家科技发展的重要衡量标准。他希望同学们能够重视数学的学习，因为技术的真正价值往往与数学的应用紧密相连。

在回顾个人经历时，席老师提到，自己 1958 年考入南京工学院无线电工程系。1963年毕业后，留校任教，先后在真空技术教研组、电子束教研组、601线路教研组工作，2002年从东南大学退休。他参与过多个重要项目，从最初在电子束教研组工作到后来参与大屏幕显示屏的研发，席老师的每一个足迹都与电子技术的发展紧密相连。在教学之余，他还编写了多部教材，并取得了多项科研成果。

温暖集体：电子学院的团结互助

席老师始终认为，电子学院是一个充满温暖的集体。他曾于带病教学期间，得到了同事们无微不至的关怀，尤其是时任总支书的时龙兴老师，更是在他术后亲自将他从手术室抬回病床，这份情谊令他至今难以忘怀。他生病住院期间，肖梅老师代他上了许多课程，席老师尤为感动。在回顾这段岁月时，他感慨万千，认为电子学院的温暖和团结是他坚持下去的重要动力。

▲ 采访团队在听席德川老师诉说往事

见证变迁：从追赶到并驾齐驱

见证了中国电子技术的飞速发展，席老师的内心充满了欣慰。他见证了国家从追赶到与国际先进技术并肩竞争的历史进程，他深信，未来的青年一代将肩负起更大的责任和使命，继续推动电子科技的发展。

他的教学生涯如同一颗明珠,照亮了无数学生的求知之路,激励着一代又一代的年轻人追求卓越。席老师的故事,不仅是个人的成长与奋斗史,更是整个时代进步的缩影,彰显了教育工作者的崇高使命与无私奉献。

▲ 采访团队与席德川老师合影

殷殷寄语:薪火相传,勇攀高峰

对于学生,席老师希望他们能够重视数学这样的基础学科学习。

对于青年教师,席老师指出,当年他们都非常希望能够赶超外国的技术,如今我们有了这个条件,希望青年教师们继续加油,用一句诗送给大家:"会当凌绝顶,一览众山小。"

对于学院,席老师祝愿学院能够薪火相传,勇攀高峰。

(采访团队:OSCC教工党支部、学科交叉中心博士研究生党支部、本科生星曜党支部;时间:2024年10月)

陈德英

砥砺奋斗，诲人不倦

简介

陈德英，1942年出生，中共党员，东南大学电子科学与工程学院教授，退休教师。1966年毕业于清华大学电真空专业，1969年在南京工学院任教。曾讲授"半导体器件工艺""集成电路制造技术""VLSI工艺课""文献检索""生产实习"等课程。曾任学院本科教学督导。

采访人： 陈老师您好，请问您是何时入党的？在当时的背景下，您的入党动机是什么样的？

陈德英老师： 我是1987年入党的。我的入党动机和当年我的经历有关。新中国成立前，女孩很少有机会念书，而我当时特别渴望上学，新中国成立后我才如愿以偿进入学校学习。后来我又以贫下中农的身份考上了清华大学，但是家里条件困难，最终也是在党的相关政策帮助下，我才能完成学业。正是因为这样的经历，我从原本不能念书的农村女孩到清华毕业，对共产党的感激之情溢于言表。这些早年经历就坚定了我入党的目标。后来我在大学里也去打工，因为我们是有助学金的，所以我本来是想义务劳动，结果人家还要给报酬，当时我们都不要，就想着去把这些报酬拿去做班费或者献爱心。

毕业后我还有一段时间是去农场劳动，当时我们女生专门编了一个班，帮修水利的人挑土，任务还是很重的。但我是农村出身的，而且我觉得既然是任务就必须完成，所以我并不觉得苦。我们也经历了挫折，也有苦恼和困惑，总的来说，我相当于是走过了整个共产党领导的新中国史，作为贫下中农，得到了共产党的许多照顾，很感激中国共产党。

采访人：那时的情况跟现在肯定是有很大不同了，您觉得你们那时的环境和现在相比有哪些不同呢？

陈德英老师：那个时候我们思想都很单纯，生活条件相比现在差了很多，但是我们都能够跟国家同甘共苦，想着自己工作就是为了国家，所以后来我们本该退休的还被返聘了。国家给我一份工作，那我就要去干好，金钱无所谓，够用就行。改革开放后，生活条件比过去好了不少，但有些人却被金钱迷了心智。整体上看，我们的国家肯定是在不断进步的，我对党和国家很有信心，我们的党一定能总结历史经验和教训，让国家越来越好。

采访人：陈老师，对现在的青年教师，包括学院的工作，您有什么期望呢？

陈德英老师：学院工作要注重学生的思想工作。以军训为例，实际上新生都有自己的想法，面对从高中到大学的这种环境变化，肯定是不适应的，这时候就需要教师去进行沟通。以前我们教学的时候对每个学生的情况都非常清楚，新生在我们的沟通下也明确了学校的要求和他自己的理想，这样他学起来就有劲，就不会去想负能量的东西。有些新生以前学习成绩很好，结果上了大学，大一就挂科，那是因为家里教育时，就告诉他高中就是为了考大学，结果考上大学后，学生就不知道自己该干什么了。这时教师就要把高中到大学的衔接环节给做好。

陈德英

砥砺奋斗，诲人不倦

▲ 采访团队聆听陈德英老师的殷切期望

采访人：陈老师，您对我们电子学院的学生有什么期望，在职业规划方面有什么建议？

陈德英老师：首先是基本功，想要有所成就，必须要有扎实的基础，基础课是很重要的，包括数学、物理、化学。创新不是拍脑袋就出来的，一定要有一个好的基础，才能在别人的基础上做新的东西，往下钻研。其次就是要有踏实的态度，踏踏实实地去学习应该学的所有知识，不能指望别人帮忙。最后还要与别人进行交流，要相互学习探讨，形成好的风气，这样才能发现问题，做出东西。

就业要注意一点，那就是善于学习，要宽口径。很久以前我们专业学习非常专门化，比如说我是微电子学生，那我进了车间里就能工作。现在我们不做专门化培养而是注重宽口径培养，如果你基础好，学新内容就特别快，一年就可以熟练了，所以不用担心不对口，重要的是你要感兴趣，肯去努力。另外，出去工作不能好高骛远，一定要踏踏实实做，当领导感觉到你的作风、性格、能力等方面都很优秀，才会提拔你。好高骛远是不可取的，很容易吃亏。踏实了才能谦虚，用谦虚的态度去问别人问题，别人才会真心教你，不能自己有点学问就看不起别人，或者眼高手低。

（采访团队：OSCC 教工党支部、OSCC 研究生党支部；时间：2022 年 9 月）

陈珏

致力知行,继往开来

简介

陈珏,教授,1944年出生,东南大学电子科学与工程学院退休教师。1967年毕业于南京工学院电子器件系电真空器件专业,1974年起在南京工学院(东南大学前身)电子工程系任教,曾先后讲授"红外物理与技术""光电子学"等课程。

东大的电子时光

陈珏老师是1962年考入南京工学院的,据陈老师回忆,当时他们在生活方面物资比较匮乏,印象比较深的是在食堂里喝冬瓜汤,平时饮食荤菜很少。陈老师说,虽然那时候条件艰苦,但是同学们都非常用功,大家每天上完课后还要继续晚自修看书,要么选择教室,要么去图书馆。如果去图书馆的话,座位也非常紧张。那时候学校规定很严,宿舍都是晚上十点准时熄灯,如果十点前功课没有做完,大家就要去走廊借着灯光继续把功课完成。

即使在这种条件下,陈老师依然每天刻苦学习,不断夯实自身的学科基础,不断提高自己的专业能力,最终回到东南大学电子系担任老师,致力培养一代又一代优秀的东大学子。

教学是一门艺术

在谈到教学经验时,陈老师一直强调学科授课的重要性。她说:"以前那个时候,如果老师课没讲好,甚至会出现'学生把老师赶下台'的情况。而现在很多老师都习惯把重心放在科研上,在教学工作上可能出现照本宣科的情况,把书上的东西搬到黑板上,这样讲课是不容易吸引到学生的。"陈老师认为,要重视基础学科的教学。老师讲好一门课很重要,要把课讲得透彻,要擅长发挥,要讲书上没有的,要有讲课的艺术和本事。

教学是科学技术和文化知识的生产和再生产的过程,是培养人、塑造人的实践。在这一过程中,老师要让学生渴望从听课中得到思考和享受,实现心灵上的共鸣。

陈老师正是在几十年的教学实践中形成了自己的教学风格,不断探索、不断创新,做到了教学上的"止于至善"。

陈老师先后获得东南大学优秀教学二等奖1次、三等奖2次,她编写的《红外物理与技术》教材获东南大学优秀教材二等奖。1992年,陈老师编写的《红外物理与技术》教材又获第二届机械电子工业部电子类专业优秀教材二等奖。在执教期间,陈老师多次获得学校教书育人积极分子的光荣称号。另外,陈老师还以第一作者在《红外与毫米波》等国内一级期刊和核心期刊上发表论文28篇,被SCI、EI收录9篇,在国内外学术会议发表论文12篇。

学科需要传承

作为电子学院的退休老教授,陈老师始终心系母院。她希望电子学院发展得越来越好,希望电子学院培养越来越多优秀的学科带头人,带领学科不断发展和前进,在科研上打开更好的局面。陈老师认为,学院要选择具有生命力的学科方向,去更好地适应社会需要。学科要充分考虑社会发展的现实需求,学科的发展离不开社会的支持,学科优化要满足国家战略需要。在国家的重大战略需求面前,学科发展更能找到突破口,更能获得发展的原动力,更有可能实现重大突破和创新。

同时,陈老师认为学科发展需要"传帮带",要考虑学科的可持续发展。深厚的科学研究和重大的技术创新,极少是天才的灵感

▲ 采访团队与陈珏老师合影

乍现,更多的是积跬步而至千里,需要几代人去不断积累、不断突破。学科研究是长跑,也是接力跑,一棒传过来,一棒递过去,要"老带新、新促老",互相扶持激励。我们要握紧科研的接力棒,接续好前人的工作,开辟好后人的道路,致知力行,薪火相传,继往开来。

(采访团队:OSCC 教工党支部、光工硕士研究生明辨党支部;时间:2023 年 11 月)

吴乃陵

生为首位,课比天大

简介

吴乃陵,教授,1948年出生,东南大学电子科学与工程学院退休教师。1981年毕业于南京工学院网络与系统专业,1982年起在东南大学任教;曾教授"光纤测量""光纤通信""电路与系统""电子线路""电视原理""微型计算机原理""计算机组织与系统结构""C++程序设计""计算机网络""数据结构""软件工程""单片机应用"等课程。

生为首位,一切为了学生的发展

"C++程序设计"是每一位电类本科生的必修课,其课程教材属普通高等教育"十五"国家级规划教材,是教育部21世纪初高等理工科教育教学改革项目的重要研究成果。本次的受访嘉宾吴乃陵教授主持编著普通高等教育"十五"国家级规划教材《C++程序设计》《C++程序设计实践教程》,曾获江苏省教学成果一等奖、江苏省科技进步三等奖、江苏省多媒体竞赛三等奖。

同学们目前使用的第二版教材和第一版相比有较大的修改。吴老师和我们分享了其中的原因:第一版教材给学生用作零基础的入门教材难度太大,有许多同学在学习过程中感到十分吃力。为了更好地帮助学生学习,吴教授不到两年就改了第二版。第二版采用的方法叫作案例式教学,每一章里面都是通过一个案例给学生讲解程序为什么这样写,然后把新的思想、新的内容灌输进去。

吴老师还向年轻教师分享了教学的宝贵经验,即"教学要注重实际操作时的案例,要掌握学习过程的难度,要以让学生更容易学习为目的而提供教辅资料。总之,一切都要为学生服务"。

▲ 吴乃陵老师接受采访

全心全意,评教全网无差评

吴老师在教学生涯中最引以为傲的事情是网上无差评,这一点是很难的。吴老师在教学的时候跟学生的关系很好,不会去责备学生。他认为"学生没学好,主要是教师没教好"。正是基于这样的理念教学,学生没有给过吴老师一个差评。

除此之外,吴老师提到:作为教师对每一个学生都要负责,不能让任何一个学生掉队。每个学生都有自己的弱点,别总拿着弱点来卡学生,应该尽最大努力教好每一个学生。教师应当给学生做好榜样,需要在关键时候点拨一下,学生就能学会。

立德树人,知识与品德并重

提到当代大学生的必备品质时,吴老师觉得作为大学生,第一个要学好学问,第二个要学好做人。

儒家里面一个叫小学,一个叫大学。小学讲知识、讲技能,比如字词、句章、作文，这都属于小学的知识。大学是做人，大学之道在明明德，在亲民，在止于至善，我们的校训就是止于至善。

作为大学生，除了专业知识的学习，还需要提升个人修养，凝聚好的品德。"明明德"中的前一"明"是动词，有发扬光大之意，"明德"是优秀的品德。用一分为二的观点看，一个人既有好的光明的一面，也有负面的东西，要发扬好的光明的一面。"亲民"，意指自己好还不够，要带动大家一起好，最后做到至善至美。

▲ 采访团队与吴乃陵老师合影

吴老师在长期的教学中始终坚持全心全意为学生服务，是"立德树人、生为首位"的生动践行者。

（采访团队：APC 教工党支部、电路与系统研究生党支部；时间：2023 年 11 月）

吴凤亭

以生为本,初心赤诚

简介

吴凤亭,助理研究员,1949 年出生,中共党员。1980 年入职南京工学院,1988 年毕业于中央党校大专党政管理专业,1996 级东大干部研究生课程进修班科技哲学与行政管理专业。1995 年任东南大学电子工程系党总支副书记兼系副主任。

吴凤亭老师 1973 年 9 月入党,今年已经是吴老师入党的第 50 周年了。谈及他入党的初心时,吴老师说他当时入党的初心很纯粹,就是"听党话、跟党走",响应党的号召,为的是更好地为集体工作。

生为首位

谈及往昔教学工作的经历,吴老师提起了自己印象最深的一件事。有一次,电子工程学院的学生班干部曾经向吴老师报告说,有个大学二年级的女生一周没有去上课。这是一个非常严重的问题,按照学校规定旷课是要被退学的。当时吴老师亲自到学生宿舍去了解她的旷课原因,那位女生说,她对理工类的课程不感兴趣,现在钟情于小说,喜欢文科。经过多次和学生及其家长交流之后,吴老师发现这位同学仍希望转去文科专业继续学习。但是,当时学校并没有类似转系学习的先例,按照规定需要开除这位学生。吴老师为了这位同学的发展考虑，经过多次和教务处沟通交涉之后，教务处终于同意让这位同学转去文科试读一年。后来，这位同学在文科专业学得很好，最终按期毕业。生为首位，一切为了学生的发展，这是吴老师坚持的教学育人的出发点。

心系教育

在访谈中，吴老师说自己在新闻中时常会看到很多高校学子存在心理问题的报道。高校学子往往面临着学业、家庭、情感等多方面的问题，心理状态容易出现问题。吴老师强调，心理健康的建设也是目前高校教师教育培养的重要内容。

结合自己的工作经验，吴老师建议高校教师首先要注意的是学生的"三观"教育，要帮助学生树立正确的世界观、人生观、价值观。这些才是学生发展成长的根本。

其次就是在心理建设中，教师要针对不同性格的学生，运用不同的教育方法。有些同学是会主动和老师谈心交流的，但是对有的学生来说，他们并不会主动和老师交流他们的心理状况。因此，要想真正了解学生的精神状态，教师就需要通过周围同学了解，从侧面掌握学生心理。

满怀希望

回忆起自己和学生相处的时光，吴老师感慨万千。吴老师自豪地告诉我们，现在他许多当年的学生已经在自己的领域有所建树，还有很多已经成为国家的栋梁之材。

对于当代的东大学子，吴老师满怀期待。他结合自己的工作经历为同学们带来了以下衷心的寄语：首先，他建议同学们要打好基础，掌握好理论基础和专业知识，这是学生的本职工作；其次，要在大学四年里努力培养自己的综合素质，这包含健康的体魄、自立自强的精神，以及要做好从学校走向社会身份转变的心理建设；再次，就是要树立正确的择业观，要正确地认识自己，要有目标，不能好高骛远、眼高手低，而要脚踏实地、愿意从基层干起，要能吃苦耐劳，要有艰苦奋斗的思想；最后，是要具备创新能力和动手能力。吴老师强调创新能力和动手实践能力是现代社会发展进步所必不可少的。

▲ 采访团队与吴凤亭老师合影

学生是祖国的希望,是民族复兴的关键。生为首位,以人为本,这是吴老师一直所坚持的信条。我们将接过吴老师手中的火炬,不惧艰险,砥砺前行!

(采访团队:601机关联合党支部、微固博士研究生党支部、微固硕士研究生党支部;时间:2023年11月)

戚兴根

循循善诱，言传身教

简介

戚兴根，1950年出生，中共党员。1975年毕业于南京工学院电子工程系半导体器件专业，并留校入职南京工学院电子工程系，先后担任辅导员、团委书记、党委副书记等，1995—1996年曾任东南大学电子科学与工程学院党委书记。

初心与信仰

戚老师于1972年入党。谈及入党，戚老师说他在高中时已经写好了入党申请书，但在"文革"期间的上山下乡运动中来到农村，因而直到上大学前才正式入党。在农村期间，戚老师在贫困的环境和紧张的局势中做农活、当民兵，但入党的初心和想法一直没有改变。

戚老师坚定地认为，中国共产党是为人民服务的政党，正是先辈们的努力让贫困百姓得以翻身，他也因此一直保持着加入党组织的信念和决心。在当时穷苦的社会环境下，戚老师也依靠着国家给予的补助，坚持完成了高中和大学的学业。他深知，教育不仅是传授知识，更是塑造人格和价值观的过程。他也希望每一位学生都能理解知识的力量，并将其应用于实际生活中，成为对社会有贡献的人。

奉献与关怀

尽管戚老师在上学期间条件艰苦，但他始终怀揣着对知识的渴望，常常在路灯下学习。毕业后，戚老师留在电子学院工作，历任辅导员、学办主任和党委书记，奉献了数十年。在那个年代，学生的就业需要依靠辅导员牵线搭桥，戚老师经常奔赴北京、上海等地，与企业联系，为了帮学生找到最合适的工作而不遗余力。戚老师相信，每位学生都有独特的潜能，只要给予他们足够的关心和指导，就能帮助他们找到适合自己的发展道路。即便在面对挑战时，戚老师也总是以积极的态度激励学生，鼓励他们勇敢追求自己的梦想。

此外，戚老师对学生的生活总是给予无微不至的关怀，一位学生曾突发急性肝炎，戚老师第一时间将其送往医院并24小时看护，直到其脱离了危险才离开。他希望能够通过自己的努力，帮助更多的年轻教师和学生。戚老师坚信，教育是一项长远的事业，需要每一代人的共同努力与传承。

关爱与责任

作为电子学院的退休教师，戚老师始终关心后辈的成长与发

▲ 采访团队与戚兴根老师合影

展。他希望青年教师在教书育人中做到"爱学生、严格要求、一视同仁",帮助学生实现全面发展。对于本科生,戚老师强调要有扎实的基础知识,因为在激烈的就业市场中,良好的基础是通向成功的关键。同时,他也鼓励学生积极参与社团活动,培养综合素质。对于研究生,戚老师则指出,明确规划个人目标至关重要,特别是在科技迅速发展的今天,博士生应承担起科研的重任,发挥学术带头作用。他还寄语后辈要接续前行,传承创新,共同为学科的发展贡献力量。

寄语与祝福

最后,戚老师对电子学院的未来发展给予了自己的祝福。他希望电子学院在未来可以瞄准国家的战略需求,更上一层楼。

(采访团队:微固系教工党支部、微固博士研究生党支部、微固硕士研究生博学党支部;时间:2024 年 10 月)

施建宁

扬无私奉献之德，立止于至善之志

简介

施建宁，1958年出生，中共党员。1976年参加工作，1979年起先后在东南大学校长办公室、百年校庆筹备办公室、驻京办、总务处、后勤集团、电子学院、微电子学院工作。2009—2018年曾任东南大学电子科学与工程学院党委书记。

采访人： 您何时加入中国共产党，又是怎样的契机和原因让您申请加入中国共产党的呢？

施建宁老师： 我于1984年加入中国共产党，契机和原因与时代背景有关。我1979年进入东大。由于特殊的时代背景，我们那一代人都是吃过苦的，也跟着国家一起走过一段艰辛的路程。当时我们所有人从上到下拧成一股绳，都想把自己负责的事情做好，对领导安排的工作尽力完成，该学习的学习好，该工作的工作好。大家都希望在自己的岗位上能够出一份力、发一束光，来为国家的强盛贡献一些微薄的力量。我那个时候入党的想法很简单，就是为了更好地发挥自己的作用，为学校、为国家多出一份力。

采访人：您当时进入东南大学的时候是负责什么工作的，后来又是怎样的机缘让您在电子学院任职，并且担任党委书记？

施建宁老师：我刚进东大的时候，被分到了校长办公室从事管理事务工作。那个时候，没有现在这些先进的新媒体设施，发布公告需要我们去张贴宣传，甚至亲自去各单位口头通知。后来我又去了后勤部门锻炼了几年，然后又回到学校筹备当时的100周年校庆。我当时精神状态不错，表现也不错，领导就委派了我去筹备学校在北京的办事处，我跟电子学院的缘分也是从这个时候开始的。当时电子学院的老师经常到北京申请课题，我在北京办事处就和电子学院的几位老师逐渐熟悉了。后来从北京回来之后，我又在后勤部门工作了几年才来到电子学院任职，我在电子学院担任了十年的书记。

采访人：您从退休到现在差不多有几年时间了，您觉得现在我们学院最大的变化是什么？

施建宁老师：学院的变化确实很大，这几年国际形势的变化也很大，我退休的时候正好碰到美国对我们的芯片领域施加制裁。在这种大环境下，对电子学院甚至学校来说，最根本的任务就是把人才给培养好，输送到国家各条战线上去。当然了，我们的老师压力也很大，不仅书要教得好，自己的科研也要做好。不过，学院在科研和教学的平衡上，这几年做得也是很好的。

采访人：作为电子学院的老书记，您对现在电子学院的青年教师以及基层党组织工作者有什么期望和建议？

施建宁老师：时代变化得很快，我们的年轻老师也要顺应时代的发展。我们处在一个伟大的时代，大家都有自己奋斗的价值，我们老一辈人以前想做事情没有这么好的环境，国家也没这么强大，资金也没有那么多。现在的青年教师处在这样的好时代，更应该勇于挑战，保持良好的精神状态，勇于展示自己，这样才能为国家做出更大的贡献，实现人生的价值。

▲ 采访团队与施建宁老师合影

（采访团队：ASIC 教工党支部，ASIC 博士研究生笃行党支部；时间：2022 年 9 月）

郑姚生

芯火传门生，德行胜金玉

简介

郑姚生，工程师，1961年出生，中共党员，东南大学电子科学与工程学院退休教师。1984年毕业于南京工学院无线电专业，毕业后留校在东南大学电子工程系任教，曾教授"专利技术"等课程。

初见郑姚生老师，我们便被他洋溢的活力给感染了。虽然生命的岁月已在这位年迈长者的容颜上刻下一道道的皱纹，但他的眼神却依然充满活力。当他开口谈论生活的智慧和人生的体验时，声音中充满着激情和活力，仿佛是一泓清泉，润泽着周围每一个人的心灵。在心灵深处，郑姚生老师怀揣着对生活的热爱和对未来的信心，散发着一种超越岁月的永恒活力。

求学若渴　书香滋润

郑姚生老师在南京工学院长大，也在家庭的影响下踏入这片求学的土地。回顾在校学习时光，他深有感触地提及那个年代，那时高考录取率不足4%，生活"除了吃饭睡觉就是看书学习"，每个人都怀着对知识的渴望，宛如初春萌芽盼望雨露。谈及当时的情景，郑老师逗趣地说道："你们或许难以想象，在吃晚饭时急匆匆赶到教室抢占晚自习座位是何等经历。"在那个求知若渴的年代，每一本书、每一节课都是珍贵的财富,正如每一滴雨水滋润着渴望成长的心田。

跨国援建　不畏艰险

1987年改革开放初期,国家有拓展国际友好关系的需求。当时,伊拉克的一个水泥厂建设项目急需我国援助,而南京恰好拥有两大水泥厂:中国水泥厂和江南水泥厂。在这一背景下,学校自然肩负起这一重要使命。郑老师身先士卒,与吴傅源老师等三十余位同仁远赴伊拉克,开始了水泥厂援建工作。回忆起那段经历,郑老师说自己在车间管理着成千上万的仪器仪表,为了抢修工厂事故,曾连续两三天未合眼。生活虽忙碌,却充实而意义非凡。在异国他乡,他们辛勤工作,为促进两国友好合作贡献一己之力。这段经历成为郑老师人生中珍贵的历练,也是中伊友谊的见证。

山长予耕　桃李仰承

1989年回国后,郑老师回到母校,担任起了教书育人与实验室搭建与管理的工作。

在教学方面,郑老师也是硕果累累。自2011年开始,受院长所托,郑老师担负起电子学院学科竞赛指导的重任。郑老师和蔼亲切,有着强烈的责任心却不带一丝架子。他主动与学生交流,倾心为他们排忧解难。2013年,他首次带领学生参赛,斩获三个"国一"的佳绩;两年后再度出征,收获五个"国一"的骄人战绩。要知道,当时,全校仅有十个"国一"。在谈及自己在竞赛指导方面的经验时,郑老师强调,当下的新老师们整体水平较高,眼界也较为开阔。然而,了解学生需求后需要主动出击,主动询问学生是否遇到问题,而非坐等他们提出,这种主动沟通能够建立更紧密的师生联系,有效促进学习。同时,他还对年轻老师叮嘱道,"希望年轻老师们能发挥自己优秀的素质和杰出的才能,瞄准国家重点课题,投身国家事业,助力中国制造,将自己所学转化为祖国的强大实力"。

在实验室安全方面,郑老师自豪地分享道:"以前我在管实验室的时候,显示中心的实验室都是'免检产品'。"郑老师就像一个魔术师,无论多么脏乱差的实验室,到了郑老师手里都是焕然一新。提及经验,郑老师强调,想做好一件事,无非就是多看多想多了解,并且全身心投入其中。对于实验室规划,郑老师一开始也一窍不通,但他从零开始用心学习,最终做到了驾轻就熟。他还建议并希望同学们开拓思路、勤思勤想,不要只局限于课堂,同时也要脚踏实地、用心学习,如此这般必能有所建树。

明月入怀　如日中天

郑老师在院里素有"最受欢迎的老师"的美誉,我想这与郑老师的人生态度不无关系。

郑老师于 2017 年、2018 年、2019 年、2020 年获南京市集邮协会"先进个人";2018 年获"优秀班主任标兵";2020 年获电子科学与工程学院、微电子学院"优秀共产党员";2021 年度东南大学"优秀共产党员";曾获东南大学教学成果二等奖,并指导多名学生获电子设计竞赛国奖、省奖等。

郑老师始终保持着一个乐观的心态,用老师自己的话来说就是:忘记过去,面向未来。我们与他相处仅仅 2 小时,便感觉心底

▲ 采访团队与郑姚生老师合影

洒满了阳光。郑老师说，不管是谁来找他办事，他都会尽心尽力帮忙把事情办好，他将此概括为"为人民服务"。

最后，郑老师寄语广大青年学子，希望他们开拓思路，勤思勤想；脚踏实地，用心学习。

（采访团队：显示中心教工党支部，光工硕士研究生博学党支部；时间：2024 年 10 月）

二 传承与发展

　　"恰同学少年，风华正茂。书生意气，挥斥方遒"，作为流动助教，他们在最美好的年华与学生相遇。他们与学生年纪相仿，亦师亦友。他们的陪伴让莘莘学子的大学生活流光溢彩。

　　时光匆匆，纸短情长。但愿以此留下他们青春的剪影，纪念他们为东大电子做出的贡献，激励新一代电子人砥砺前行！

顾静

不忘初心，携手共进

简介

顾静，中共党员，曾于2001年6月至2003年6月担任东南大学电子科学与工程系流动助教，目前在西门子EDA工作。

采访人：您为何会选择成为一名辅导员？

顾静老师： 选择成为辅导员的原因很多，主要原因可以归纳成以下几点：首先是我对当时担任我们辅导员班主任的优秀师兄们比较崇敬，他们是我的榜样。其次是我当时在东南大学读了四年本科，可是对学校很多事情并不是特别了解，想找机会积极参与进去。而且我自身定位是以后长期从事技术方面的工作，期望有个短期的、有意义也有趣的体验。再次我希望在结束了流动助教任期之后，有机会可以就读本校研究生，而且可以选择到我心仪的导师。

采访人：在担任辅导员工作的过程中，有没有后悔过？有没有想放弃过？是什么支撑您度过了困难的时期？

顾静老师： 我的辅导员工作总体来说还算顺利，黄松莺书记、张晓坚老师对我的帮助非常大，并且给予了我很多机会。当时黄书记几乎每周都会到浦口校区一两天，和我一起开展学生工作。要说到最困难的时期就是2003年的"非典"时期，除了学生的正常学习之外，校园活动几乎全部取消，如何安抚学生的情绪是最关键的工作内容。那是我任流动助教的最后一学期，帮助同学们顺利度过"非典"时期也为我流动助教生涯画上了完美的句号。

采访人：结束流动助教工作，重返校园生活后，您觉得适应吗？科研顺利吗？和老师同学们相处融洽吗？

顾静老师：流动助教结束以后，我就去了香港科技大学攻读硕士研究生。刚刚结束学生工作再回到校园，我确实是花了一段时间重新把专业捡了回来。我在师兄、导师的帮助下，科研也非常顺利，并在预计的时间顺利毕业了。在香港，校园的业余活动也非常丰富，我和同学们相处非常融洽。

▲ 工作中的顾静老师

采访人：您现在在哪里，从事什么工作？流动助教的工作经历对现在的工作有没有帮助？

顾静老师：我目前在上海的西门子 EDA，也就是之前的明导国际（Mentor Graphics）工作，担任 Application Engineer Consultant，主要还是从事技术工作。回忆起流动助教的经历，我觉得它是我人生中比较有意义的一段时光。

采访人：回顾这段经历，你觉得最大的收获是什么？

顾静老师：回顾这段经历，最大的收获是：一方面，它能够让我参与到了学校的一些工作，极大地锻炼了我的组织能力和统筹能力；另一方面，它也让我在之后的工作学习中，学会了从更高的层次、更多的角度分析一些现实问题。

（采访人：禹明贤；时间：2022 年 8 月）

鲁顺

亦师亦友，筑梦成才

简介

鲁顺，1981年出生，上海人。2004年本科毕业于东南大学电子工程系，曾于2004年6月至2006年6月担任东南大学电子学院2004级本科生辅导员；目前担任上海楷登电子科技有限公司产品验证总监。

采访人：鲁老师，请您讲一讲您选择担任流动助教辅导员的原因。

鲁顺老师：在东南大学电子系读书期间，我深深感谢辅导员对我无微不至的帮助和学生工作的指导，特别崇拜这样亦师亦友的老师。当大四有机会可以竞争本系流助辅导员时，我毫不犹豫地报名，通过了层层筛选和面试，最后成功被录用，也圆了自己一个梦想。

采访人：请问您有没有什么印象比较深刻的事？

鲁顺老师：我任期内非常愿意传承前辈们好的经验，也会把自己的经验、教训和思考融入进来，做好学生的服务和指导工作。本系出身的辅导员具备一些特别的优势，比如非常清楚不同时间段学生的需求。大一主要解决的是尽快适应校园生活、养成学习习惯等问题。大二时，随着大量基础课的结束，会有一段对未来的思考期。由于低年级本科生和高年级研究生分布在不同的校区，对低年级学生的辅导员来说，多创造一些和本部高年级学生交流的机会，对他们视野的开拓很有益，也会为他们提前埋下专业兴趣的种子，提前建立学习的目标。我组织学生干部提前到本部参观校园和实验活动，取得了很好的效果。

另一件印象深刻且觉得非常有意义的事是学院内的颁奖。提到奖项，无外乎某某奖学金、优秀毕业生、优秀学生干部等。在当时的学院副书记和团委书记的倡议下，我们讨论并破天荒地组织了第一次电子学院表彰大会，设立了诸如学习进步奖、体育活动贡献奖、文艺小标兵、科技活动贡献奖和最美宿舍等奖项，让更多的学生受到了鼓励和认可，这也成了他们前进的动力。

采访人：鲁老师，您在担任辅导员工作的过程中，有没有后悔过？有没有想放弃过？是什么支撑您度过了困难的时期？

鲁顺老师：担任本科生辅导员的两年，我并没有过后悔，也并没有觉得是一段困难的日子。其实它就是一段时期的工作，也很忙碌，而且第一年要学很多东西，第二年又需要带好下一届的辅导员，两年时间也很快。辅导员是在第一线和学生接触的岗位，需要服务好学生、院系和学校。辅导员是辛苦的，但也是很有意义的一种身份、一项工作。

采访人：您现在从事什么工作？请问流动助教的工作经历对您现在的工作有没有帮助？

鲁顺老师：我毕业之后回到了上海，一直在 Cadence 上海研发中心，从事数字芯片设计软件（Innovus）的验证工作，目前是验证团队中 Hierarchical Flow Validation 组的经理。个人认为流动助教的工作对于一个人的综合素养是有潜移默化的帮助的，比如责任心、使命感、沟通能力和演讲能力等，所以流助工作可以说提升了我的工作技能。

▲ 生活中的鲁顺老师

采访人：鲁老师对电子学院以及师弟师妹有什么寄语吗？

鲁顺老师：希望学弟学妹们在东大电子这片沃土上成长成才、发光发热。

（采访人：葛惟唯；时间：2022年7月）

史先强

共同成长，薪火相传

简介

史先强，1983年出生，江苏丰县人。2005年6月至2007年6月担任东南大学电子科学与工程学院流动助教、2005级本科辅导员；现就职于南京集成电路产业服务中心/南京集成电路培训基地，负责产业人才培养相关工作。

采访人：是什么原因让您选择成为一名辅导员？

史先强老师： 总的来说是我对母校的热爱和自己的价值追求。我在本科学习期间接触到了非常多的优秀师长，他们的言传身教不仅让我深入学习了电子这个领域的专业知识，更打开了我的视野，扩展了我的认识。在师长们的影响下，我树立了"我们这一代人要把中国的电子产业做到世界最强"的决心和理想。为了更有利于实现这个目标，我在获得保研资格后，决定暂缓硕士入学，尽自己微薄的力量来影响更多优秀的同学，共同为这个目标和理想努力。

采访人：在担任辅导员工作的过程中，有什么印象深刻的事情？有什么难以忘怀的人？

史先强老师： 担任辅导员期间，是我人生重要的转折期，从更多地面向专业技术转为更多地面向组织管理。当时印象比较深刻的老师除了给予我大量指导和培养的黄松莺书记、张晓坚老师,还有在同一个办公室战斗过的鲁顺老师和刘鹃老师,以及后来加入电子系九龙湖学办的周勇老师和李超老师。我也认识了同在 2005 年留下来做流动助教的一群伙伴,很多老师和伙伴也成了我多年的好朋友。当然,难以忘怀的还有 2005 级那一帮可爱的同学。他们中的很多人如今已经在各自的岗位上做出了优秀的成绩。虽然自己当年能够给予他们的帮助和影响很有限,但看到他们取得了成绩还是非常为他们感到骄傲和自豪的!

两年的辅导员经历,印象深刻的事情太多太多,比如在 2005 级同学刚入学的时候,我给他们布置了一个作业,让他们写下自己的理想以及大学打算怎么度过。这份作业至今还压在我的箱子底下,部分同学在毕业十周年的时候领回了自己的作业,我希望后面能够有机会,把剩下的作业再一一交还给同学们,让他们自己看一下这么多年过去了,自己的理想是否都实现了。

虽然当年一腔热情地投入到了学生工作中去,但多年以后回头来看,自己应该算不上一个特别称职的辅导员。管理的方式方法也好、对学生工作的认识也好,都非常原始和稚嫩,我能够给予同学们的帮助可能非常有限。

采访人:在担任辅导员工作的过程中,最开心的时刻是什么时候?最难过的时刻是什么时候?

史先强老师:最开心的时刻当然是 2005 级同学取得进步和成绩的时候,其实不仅是担任辅导员期间,哪怕到了今天,我依然为同学们现在取得的成绩而开心和骄傲。比较难过的是面对同学们遇到的问题,尽管穷尽自己所能,依然没办法给予有效的帮助。我曾为 2005 级 5 个班级全员进入二年级没有一个人留级而开心,也曾为二年级结束时个别同学学分不够而学籍异动抱憾很久。

采访人：在担任辅导员工作的过程中，有没有后悔过？有没有想放弃过？是什么支撑您度过了困难的时期？

史先强老师：前面说过，辅导员期间是我人生的重要转折期，可能是至今为止最大的一次人生转折。我虽然大一时也做过接近一个学年的班长，后面也做过其他学生干部，但是本科期间更多的关注和精力是放在课程和竞赛这些科技活动上的。我刚接手辅导员工作时，其实不是非常擅长，更难以称得上是游刃有余，所以那两年的辅导员工作对我自己也是巨大的挑战。我不仅需要面对同学们遇到的问题，也要面对自己的很多问题，和同学们共同成长提升。不过可以肯定的是，后悔和放弃的想法是从来没有过的。我很感谢黄书记、张老师的指导和办公室鲁老师、刘老师对我的帮助，另外同学们尤其是学生骨干也给予了我很多支撑。

采访人：在担任辅导员工作的过程中，您是否保持着学习状态？有没有提前修读研究生课程？您是如何平衡工作和学业的？

史先强老师：在辅导员工作期间，专业的学习基本上是暂时中断的。一方面，辅导员工作需要投入巨大的精力和时间，生怕自己一个疏忽给同学们带来影响；另外一方面，这个阶段的学习主要是向师长学习学生管理的方法，向同伴学习具体工作的技能。虽然专业学习是中断的，但是学习还是在持续进行。另外我个人认为，大多数人在有限精力的约束下，能专心把一件事情做好、做到自己的极致已经非常不简单了。

采访人：结束流动助教工作，重返校园生活后，您觉得适应吗？科研顺利吗？和老师同学们相处融洽吗？

史先强老师：辅导员工作经历是对我自己理想的一次浅浅实践，也是一次对能力的挑战和提升。这不仅丰富了自己的人生阅历，也增长了自己处理问题的能力，可以让我从更全面的角度来分析问题和解决问题。这些提升对自己后续的学习和工作帮助是巨大的。我硕士期间在完成学业的同时，更是发挥自己在担任辅导员期间锻炼的组织能力，在凌明老师的指导下创办了东南大学嵌入式系统竞赛。后来，我还带领一个小团队从事自主设计的微处理器应用推广，我想如果没有辅导员工作的锻炼，这些可能都不会有。

采访人：您现在在哪里，从事什么工作？流动助教的工作经历对现在的工作有没有帮助？

史先强老师：辅导员的工作经历也深刻影响到了我的人生轨迹，它让我从更多地关注技术研究转向更多地关注人才培养。离开辅导员工作数年后，我又回到了人才培养的岗位。我先是在东南大学成贤学院，后来又转到南京集成电路产业服务中心专门从事产业人才培养的工作。

采访人：回顾这段经历，您觉得最大的收获是什么？遗憾是什么？

史先强老师：辅导员工作是我的第一份工作，它除了是对自己能力的补充和提升外，更重要的是为自己之后数十年的工作奠定了良好的基础。

▲ 史先强老师（右一）和学生们在一起

回过头来，再看当年这段经历，首先是感谢，感谢师长的教导，感谢同事同伴的帮助，感谢同学们的支持和理解；其次是欣慰，庆幸自己能够在 2005 级这帮同学们最美好的人生阶段与他们共同成长，尽自己所能给了他们一些微不足道的帮助；还有就是骄傲，为同学们取得的进步和成绩感到无比的骄傲。

其中 2005 级 2 班的缪卫同学也在四年后接过接力棒，成为 2009 级同学的缪老师，去影响和帮助了更多优秀的同学。

从我的师长，到我的学弟学妹，一代代优秀的东大电子人薪火相传，前赴后继，继往开来。一个人的力量总是有限的，但是一代代人的努力累积起来，必将开创出新的时代！

就遗憾来说，我可以问心无愧地说：没有遗憾！

（采访人：王祖尧；时间：2022 年 8 月）

张卫青

因热爱而出发,因热爱而坚持

简介

张卫青,1985年出生,陕西西安人。2007年6月至2009年6月担任东南大学电子工程学院流动助教;现为西安电子科技大学微电子学院综合办公室主任。

采访人:您能不能用简单几个词来形容一下做辅导员的这段经历?

张卫青老师:第一个词是"青春"。其实做流动助教的时候非常年轻,流动助教所面对的大学生也都是非常年轻的一个群体,所以我觉得一个很关键的词就是"青春"。不管是我的工作对象还是我本人,以及我的工作范围,都是非常青春非常有活力的。

第二个词是"奉献"。辅导员这份工作是要讲奉献的,更多地要求我们不求回报地去付出。回想那些我们经常看到的、被广泛宣传的辅导员年度人物等事迹,我不禁思考,每位辅导员究竟是如何做到不知疲倦、不计回报地为学生的发展而奉献的。

第三个词是"坚持"。我刚刚说的就是辅导员这份工作要追求奉献,要不知疲倦。在做辅导员工作时,有时候也会让人觉得很疲惫。所以坚持很关键,就是我们要坚守好我们的工作岗位。因为学生有什么事情可能第一个想到的就是辅导员,所以辅导员也可能没有真正意义上的休息时间或者下班时间。

最后一个词我觉得是"学习"。做辅导员的时候很年轻,没有特别多的经验,所以做辅导员就需要加强学习,才能把这份工作做好。无论是向自己的前辈去学习,还是向我们的工作对象学生去学习,又或者是去学习专业化、职业化的知识,都要保持这样的学习状态,才能够帮助我们把这份工作做好。

采访人:请问是什么原因让您选择成为一名辅导员?您又是如何选择现在这份工作的呢?

张卫青老师:一方面是因为我读本科的时候一直是学生干部,当时我比较喜欢做学生干部时的状态。另一方面我的辅导员也在我学习成长的过程中给我提供了很多帮助。所以,当我大四时,在我的朋友、师长以及亲人的支持下,我选择以流动助教这样的身份去工作两年。

通过流动助教的经历,我确认了自己确实比较喜欢高校工作的氛围,也觉得自己能够胜任,不管是在高校做学生思想政治教育、做辅导员这份工作,还是在做高校行政这种教育管理工作。因此,我选择了现在的工作。

采访人:您在担任辅导员工作的过程中,有没有什么印象深刻的事情或者有什么难以忘怀的人?

张卫青老师:我有一个印象比较深刻的事情,对我来说其实也是一个在工作中不断提醒自己的事情。我记得,在我带过的学生中,有一个跟我关系还不错的学生跟我提到一件事情,他说:"老师,你记不记得应该是一年级或者二年级的时候,当时你很严厉地批评了我,说我做错了一件什么事情?"其实那件事情他认为他没有错,或者说我批评他的点可能不太准确。但是我当时没有给他反馈的机会,而是直接对他的行为进行了一些指责。他也一直没有跟我讲这个事情,而在毕业的时候,他把这个事情像开玩笑一样地跟我提起来。说实在的,当时我不记得他提到的事了,因为当时他跟我形容的时候,我也认为不是一件很大的事情,后续看可能对他也没有多么大的影响。但这个事情告诉我,做辅导员要注意方式方法,对待不同个性的人,要用不同的方式,要用对方更能够接受的方式去跟学生交流,才更容易做好心灵的沟通。如果不加区分地用一些过于直接过于简单的方式,有时候好心还不一定会产生好的效果。

在担任辅导员工作的过程中,有很多这样直接的例子,这些都可以帮助我更成熟、更高效地去处理我以后的工作。当时我身边会有师长、师兄、我们的副书记等等,他们帮助我去选择更正确更好的道路,用相对比较低的成本去换来被教育学生最快速的成长。这是我在辅导员工作期间一些比较难得的经历。

采访人:我们了解到您在研究生的时候,也是在学办做助管的工作,您是如何平衡工作和学习的?在这方面有没有什么经验?

张卫青老师:每个人一天的时间都是24小时,每个人的精力都是有限的,我觉得更重要的是要尽量保持积极向上的态度,去相信自己、相信未来、相信付出总有回报,然后才能够鼓励自己不断去努力,保持一个向前向上的状态。

采访人:回顾这段经历,辅导员的工作是否给您带来了一些改变?您觉得最大的收获是什么?

张卫青老师:其实回顾辅导员经历的话,虽然我只用了短短的两年时间,但是换来了一些非常珍贵的经验,帮助我在日后的工作中能够更加游刃有余地去处理工作。因为辅导员做的是人的工作,而且那两年时间里,我遇到的是各种各样不同个性、不同成长环境、来自不同家庭、不同地域的人。短短两年时间接触了这么多的人,我学到了各种各样处理事情的方法,这些经验就是我最大的收获。

张卫青
因热爱而出发，因热爱而坚持

▲ 工作中的张卫青老师

采访人：最后，希望您给还在电子学院学习的学弟学妹们一些寄语。

张卫青老师：回顾我在东大的这段时间，其实印象最深的真的就是咱们的校训：止于至善。我觉得咱们的校训，一方面体现了我们东大的精神，另一方面也是对我们这些东大学子最好的期许。

（采访人：程星全；时间：2022年8月）

邱峰

有始有终，山高为峰

简介

邱峰，1985年11月生，江苏南通人。2008年6月至2010年6月担任校团委流动助教；历任电子工程学院辅导员、团委书记，东南大学团委副书记、团委书记。

采访人：是什么原因让您选择成为一名辅导员？

邱峰老师：我2004年进入东南大学电子工程系读本科，2008年本科毕业时学校有这么个机会，我就选择留在学校做流动助教。当时我留在校团委做助教，正好那个时期学校有个政策，流动助教任期结束以后可以转成东南大学专职老师，我就选择了这条道路。

采访人：您在读研的那三年还担任学生工作吗？

邱峰老师：我读研这三年一边读书、一边工作。工作是做本科生辅导员和学院的团委书记，同时也要完成学业，包括考试、毕业论文等科研任务。

采访人：您是怎么平衡读书和工作的，有没有觉得当时的压力比较大？

邱峰老师：当时压力还是比较大的。辅导员的工作在九龙湖校区，但我读书、做实验等科研任务都在四牌楼，那段时间我几乎每天都要往返两个校区之间。我只有利用一些业余时间和休息时间，通过各种方式去协调，才能兼顾工作和学习。

采访人：邱老师，您在担任流动助教那两年的时间里面，有没有比较难忘的事情或者印象比较深刻的人？

邱峰老师：我在2009年带队去北京航空航天大学参加"挑战杯"时，恰逢甲流疫情，我们团队里面有个学生也出现了发烧的情况。当时疫情比较严峻，除了带领学生参加比赛以外，还要负责疫情防控方面的工作。在这样的情况下，带着学生去医院本身也会面临着被感染的风险，所以我们就提前回来了，一路从北京开车回南京。这个事情给我留下了很深刻的印象。

采访人：您在电子学院当辅导员的这段时间里面，有没有让您觉得很开心或者很有成就感的一些事情？

邱峰老师：在电子学院担任辅导员和学院团委书记期间，经历了很多事情，我觉得还是很幸福的。以前每周一晚上，我会跟学生们开学生会例会。因为电子学院学生的学习压力比较大，我会让学生下了晚自习之后再开例会，现在说不定还在延续这种习惯。这种和学生相处的感觉让我觉得很充实也很开心。

还有令我印象特别深的一件事，是我跟我爱人结婚的时候，当时新生文艺汇演晚会有一个节目是集体婚礼，除了我跟我夫人以外，还有其他几位老师也参与了。我印象特别深刻，台下坐着我的学生，在他们的见证下我跟我夫人结婚了。

还有一个很开心、印象很深的事情，我们家小朋友是2016年4月26日出生的，但在前两天晚上有国旗团支部答辩。当时我带了一个团支部参加答辩，得知我们家小朋友要出生以后，我带的学生们也都很开心，在群里给我们小朋友选裙子，大家为此感到十分开心。当时感觉到，做辅导员能有这么一群学生，感到很幸福。

采访人：何老师也是东南大学的优秀辅导员，她说过她当辅导员其实就是受您的影响。我感觉一位老师最有成就感的时候，就是你所走过的路成为别人的榜样；当别人认可你的时候，他可能会再次踏上你走过的路。

邱峰老师： 对，所以我特别欣慰，我带的两届学生里面有学生去做辅导员，有学生去西部支教。在做辅导员的过程中，我感觉自己是很认真去做的，我的学生们也能够感受到，而且学生们以后能够受到我的影响去做类似的事情，我觉得自己工作的价值意义就体现出来了。

采访人：我注意您刚刚说 2016 年您孩子出生，那 2018 年您去云南扶贫的时候孩子才两岁，当时是怎么样的一个原因或者契机促使您去云南的呢？

邱峰老师： 我是 2018 年 6 月底 7 月初去的云南，一方面的原因是，那时正值全国脱贫攻坚的冲刺期，按照国家计划，在 2020 年全国要实现全面脱贫。

另一方面，是因为祖国真的有很多地方需要帮助。去云南以后，我很深刻地感受到，祖国并不是每个地方都像上海、北京一样都是高楼大厦，还有很多地方很贫穷，非常需要一些经济知识方面的帮助。我们作为大学生，特别是作为东南大学的大学生，很有必要承担起国家的责任、民族的责任。如果我们都没有这种责任意识的话，这个民族和国家是很危险的。特别是这几年，西方国家无论从技术方面还是经济方面，都对中国施加了很大压力，这个时候就必须得靠领军人才、栋梁之材去为国家的强大和民族复兴做相关工作，而这些重任一定是落在高校，特别是双一流高校身上的。

在云南还有一件感触比较深的事情。我去的时候，我们家小朋友还没有上幼儿园。在云南工作的时候，我和学校其他工作人员一起，帮助了很多留守儿童。所以同事开玩笑说，"你在云南帮助了很多留守儿童，但同时你们家小朋友变成留守儿童了"。

采访人：邱老师在云南南华县做了很多有意义的事情，也牺牲了很多，向您致敬！我还想请教一下，您觉得担任流动助教两年的时间，对以后的工作有没有起到指引作用，或者有没有什么收获或启发？

邱峰老师：我做流动助教以及学生期间，我的辅导员们给了我很深刻的影响。我当年在本科期间都是学生干部，前两年是班长，大三的时候是学生会部长，大四时是班级的党支部书记。在我做学生干部期间，每一个辅导员都给我留下很深刻的印象。我个人觉得，辅导员不一定能给你传授一些专业方面的知识，但一定会在人

▲ 南华县扶贫期间的邱峰老师

生价值观、道路选择、做人做事方面对学生产生影响。那两年的流动助教工作让我更加热爱母校。作为流动助教或者辅导员，看到我的学生能够在各领域各方面有所成就，能够健健康康、顺顺利利地毕业，这是一件很开心的事情。

（采访人：杨凯悦、陈妤；时间：2022 年 7 月）

杨鲤源

积土而为山,积水而成海

简介

杨鲤源,1988年出生,江苏淮安人。2010年6月至2012年6月担任东南大学电子科学与工程学院流动助教,目前任中国电子科技集团公司第二十八研究所第九研究部副主任。

采访人:您为何会选择成为一名辅导员?

杨鲤源老师: 辅导员是学生在学校里接触较多的群体,他们会从学业、生活、工作等方方面面关心每一位同学的成长。作为学生干部,我有机会接触到许多老师,包括宋晓燕老师、张晓坚老师、刘鹃老师、邱峰老师等等。我能感受到电子学院的学办是一个很团结、有责任、有爱心的集体。当大四有成为流动助教的机会时,我几乎不假思索地就报名申请了。一方面是感恩学院的培养,很珍惜能在学院工作的机会,想把我从辅导员身上获得的关心继续传下去;另一个方面是期盼更多的成长,辅导员带两三百个学生,可以说是点滴之间见功夫,我也希望能多锻炼、多学习。

采访人：在担任辅导员工作的过程中，有什么令您印象深刻的事情？有没有难以忘怀的人？

杨鲤源老师：印象深刻的事情很多：牵头成立校内嵌入式研究方面的第一个社团、举办九龙湖校区的趣味运动会等等，但更多的是和学生的故事。我记得一位学生是通过自主招生入校的，学科特长非常突出，但是入校后因为没完全适应自主生活，沉迷游戏，一度要退学。他的父母非常着急，多次来学校督促他，但是督促效果不大。我只要有时间，就会请他来聊聊，和任课老师了解他的情况，请同宿舍的同学提醒关注他，最终帮助他顺利完成了学业，他的父母也非常感激。还有一位同学性格相对内向，成绩中等，但通过平时的观察，我觉得他比较踏实、认真。当大二的科研训练计划（SRTP）项目开始申报后，我发现他没有报名，就鼓励他牵头负责一个项目。没想到在毕业时，他特意和我说非常感谢我对他的信任。应当说，类似的小事很多，辅导员可能就是这样一种工作，看似平凡，却是细微之处见真情。

采访人：在担任辅导员工作的过程中，您是否保持着学习的状态？有没有提前修读研究生课程？如何来平衡工作和学业？

杨鲤源老师：在担任辅导员工作的过程中，我倒是没有提前修读研究生课程，一方面是工作安排已经比较充实，另一方面研究生上课是在四牌楼校区，略有不便。但是因为做了辅导员，我对管理、教育也产生了一些兴趣，所以去拓展地读了一些社科类的书籍，印象比较深的就是稻盛和夫的《活法》。

采访人：结束流动助教工作，重返校园生活后，您觉得适应吗？科研顺利吗？和老师同学们相处融洽吗？

杨鲤源老师：说实话，因为两年流动助教期间基本上是完全在工作当中的，所以刚刚开始研究生学习时，我确实会有一个过渡期。首先要静下心来，因为辅导员工作大部分时间不受自己控制，比如学生有困难或者有任务时，我都要第一时间去回应，因此习惯了多线程处理事务，而研究生的学习还是需要专心钻研的。其次要多交流切磋，有时候"独乐乐不如众乐乐"，我所在的实验室有很好的"传帮带"传统，导师凌明老师也会经常带大家在一起探讨研究，对我的帮助还是很大的。

采访人：您现在在哪里，从事什么工作？流动助教的工作经历对您现在的工作有没有帮助？

杨鲤源老师： 我现在负责军事科学相关的工程应用。应当说，流动助教的经历对我帮助很大。一方面是沟通协调能力，我们大部分工程都是依托团队共同来做的，除了技术本身需要大家来一起研究开发，如何让每个成员人尽其才，如何让团队氛围积极向上也很重要，所以必须保持和每个团队成员、第三方等利益相关者的良好沟通。另一方面是多线程处理工作的能力。这几年工作任务极其密集，超长待机、长期出差是家常便饭，而且经常是多个大项目并行推进，那如何做好时间管理、任务管理、压力管理就非常重要，而这恰恰也是辅导员工作的特点。

采访人：回顾这段经历，您觉得最大的收获是什么？遗憾是什么？

杨鲤源老师： 做辅导员工作是一个非常丰富的体验。我们每个人在大学只会体验自己一个人的大学生活，但是因为两年的辅导员经历，我体验了数百种不同的大学生活。因为学生生病，我对同仁医院就医流程变得熟悉；因为个别学生沉迷网吧，我对周边网吧分布如数家珍；因为学生被骗，我第一次走进派出所；等等。这些经历本身就是一笔财富，让我有更宽广的视角来认识每个学生背后的家庭、家乡，学会了尊重与理解每个个体，变得愈加平和和宽容，这是一种心态的升华和精神的洗礼。最大的遗憾就是因为流动助教只有两年，我没能完整地带我的学生完成学业。虽然我研究生阶段

▲ 担任辅导员期间的杨鲤源（左三）在与学生深入交流

也在继续参与学办工作，但因为搬到了四牌楼校区，所以和自己的学生沟通没有那么频繁。但欣慰的是他们在毕业时，还邀请我一起参加相关纪念活动，一些学生在研究生毕业后，还成了我的同事，到现在还有很多人叫我"杨老师"。能在一生当中有两年被称为"老师"，我觉得很光荣！

（采访人：丁松；时间：2022 年 8 月）

黄杰敏

止于至善，臻于至美

简介

黄杰敏，1989年出生，江苏南通人。2012年6月至2014年6月担任东南大学电子工程学院本科2012级的辅导员，目前就读于新西兰维多利亚大学。

采访人：是什么原因让您选择成为一名辅导员？

黄杰敏老师：我在本科毕业时，想继续读书深造。由于我在本科期间担任过班级的团支书和班长，可以去申请做流动助教，在完成助教工作后有机会读研。而我本身对于辅导员的工作也挺感兴趣，最终我顺利成为东南大学电子工程学院的一名辅导员。

采访人：您在担任辅导员工作的过程中，有什么印象深刻的事情？有什么难以忘怀的人？

黄杰敏老师：有一次学院要承办一场校级诗朗诵比赛的决赛，我印象中只有2周时间做准备。接到任务后，我马上和学生会的同学联系，寻找志愿者，我们从2012级和2013级同学中征召了志愿者，形成了一个由大一、大二的同学组成的工作小组。让我印象深刻的是，由于大家几乎都有大中型活动的组织经验，所以这个临时小组的工作效率非常高。大家只开了几次简短的沟通会议，就顺利地完成了比赛的筹备工作。

当时我就感叹，不愧是电子学院啊，同学们在各方面都很优秀！

采访人：在担任辅导员工作的过程中，您最开心的时刻是什么时候？最难过的时刻是什么时候？

黄杰敏老师：看到我的学生参加各种形式的比赛表现很好或者获奖是我最开心的时刻。

最难过的事是在担任辅导员的过程中，我发现自己的经验以及知识储备不够，不能及时识别到那些真正需要帮助而没有能力寻求帮助的学生，比如在心理和学习上遇到困难的学生。

采访人：回顾这段经历，您觉得最大的收获是什么？遗憾是什么？

黄杰敏老师：最大的收获，是提升了工作能力，也收获了更多

▲ 黄杰敏老师（前排左一）与学生们合影

朋友。我现在还和几个学生保持着联系，会一起去看展；或者他们来南京时，我们会吃饭聊天。

遗憾的是，当时我没有和学生保持更紧密的联系，没有给予部分人更多的帮助。

采访人：请您说一说对电子学院以及学弟学妹们的寄语吧！

黄杰敏老师： 祝愿所有的学弟学妹都能在学校收获美好的经历，成为自己想成为的样子，也衷心祝愿电子工程学院越来越好！

（采访人：张尚洋、孙工；时间：2022年7月）

席维唯

一路"唯"你,四季相伴

简介

席维唯,1991年出生,黑龙江佳木斯人。2014年6月至2016年6月在东南大学电子科学与工程学院担任2014级本科生辅导员、团委副书记。目前担任南京航空航天大学电子信息工程学院团委书记。曾获江苏省社会实践优秀指导教师、东南大学军训优秀指导员、优秀共产党员等荣誉二十余项。

采访人: 您为何会选择成为一名辅导员?

席维唯老师: 在本科四年的时光中,我一直担任着多项学生干部工作:学生会秘书长、团支书、校广播台负责人等等,这些工作在提高我能力的同时,也使我产生了对学生工作深深的热爱。同时,我之所以向往成为一名辅导员,也与我受到学校、学院的培养密不可分。辅导员老师们对同学们认真负责的态度深深触动了我,也点燃了我加入这个队伍的热情。

采访人: 在完成学校规定的辅导员任职年限,开始您的读研生涯之后,您和之前带过的学生还经常联系吗?

席维唯老师: 在研究生学习生活的第一年,我继续担任着2014级本科生辅导员,当时我的学生们正在大三这个关键时期,面临着升学、就业等人生分岔口的选择。我深知这段时间对学生的指导和陪伴是非常重要的，因此我每周多次往返读书的四牌楼校区和学生生活的九龙湖校区，及时为他们解决困难。虽然结束了辅导员的工作，但我与学生们的情感已经深深烙在了心里。还记得在参加同学们的毕业典礼时，我用我们特有的方式进行最后一次点名时，那种不舍与感动到现在想起仍然会让我热泪盈眶。这些经历成为我人生中非常宝贵的精神财富。

采访人： 在东南大学当辅导员的这些年，有没有什么让您印象特别深刻的人或事？

席维唯老师： 几年中，有太多难忘的人与事了。比如我的学生参加校十佳歌手决赛，我与同学们一起去加油助威，那天兴奋的余韵让我嗓子哑了两三天。我的学生们参与学生会换届选举，他们演讲时，我心里那种"手心手背都是肉"的感觉让我紧张又激动，同时也感觉到了同学们的成长。每每在觉得辛苦时，学生们都会送来暖心的肯定和鼓励，这总能让我满血复活。除了我的学生们，学校、学院领导、老师对我无微不至的关心和指导也让我非常感激，另外也感激一群志同道合、共同成长的辅导员小伙伴们的陪伴。

采访人： 我们了解到您在毕业以后，到南京航空航天大学电子信息工程学院继续从事辅导员的工作，那么，在东大的这段经历对您现在的工作有哪些方面的影响呢？

席维唯老师： 东大三年的辅导员工作经历不仅让我对这份工作更加热爱，对工作内容更加熟悉，也让我深深感觉到辅导员这一工作责任之重大。作为一名高校辅导员，要始终围绕学生、关爱学生、服务学生，把立德树人贯穿教育的全过程。虽然辅导员工作是非常繁杂的，有学生的地方都有我们，但当看到自己的学生在祖国需要的地方努力工作时，我感觉到自己的工作非常有意义，这是我在东大电子大家庭中做一名辅导员最大的收获。

▲ 席维唯老师（中）与学生合影

采访人：感谢席老师接受我们的这次采访，最后您有什么期望、寄语要留给我们的吗？

席维唯老师：感谢学院给予这个宝贵机会，祝福东大电子全体师生万事顺遂；希望同学们坚定理想信念，与祖国同向同行，用青春奋斗，在新征程上建功立业！

（采访人：项文斌；时间：2022年8月）

周佺桢

博观而约取，厚积而薄发

简介

周佺桢，1992年出生，陕西咸阳人。2014年6月至2016年6月担任东南大学电子科学与工程学院流动助教，目前担任中国能源建设集团江苏省电力设计院有限公司智能控制二级工程师。

采访人： 您为何会选择成为一名辅导员呢？

周佺桢老师： 最主要的原因是我本科期间，遇到的辅导员老师都非常好，而且自己有很多优秀的学长学姐也选择成为辅导员，于是在他们的影响下，我心中种下了种子，期待自己也能成为像他们一样温暖的辅导员：尽职、高尚、无私、睿智。我希望将这份辅导员精神传承下去，影响更多的学生，帮助他们成长成才。此外，辅导员的工作非常锻炼人，工作十分繁忙且要经常处理突发的事件，但是这可以极大地提高自身综合素质，并为自己将来的学习和工作带来非常大的帮助。

采访人： 您在担任辅导员工作的过程中，有什么难以忘怀的学生和事情呢？

周佺桢老师： 我当辅导员那两年带的是大三和大四的学生，我很大一部分工作是帮助他们处理毕业、就业、升学上的事情。担任辅导员期间需要面对一些情况比较特殊的学生，比如说我国台湾籍的学生回台湾服兵役，就有很多手续需要办理。对考研失利的学生，我也要提供有针对性的心理辅导和学业指导。我带的学生们大多比较独立且有着明确的未来规划，我也与他们建立了非常深厚的友谊。即使已经毕业了，他们也愿意跟我分享自己的进步和开心的事情。这些同学和事情都让我十分难忘。

采访人：您觉得怎样才可以做好辅导员这份工作呢？

周佺桢老师： 首先，也是最重要的一点，要有一颗真心为学生着想的心；其次，做事要沉稳、靠谱，要通过实际行动给学生们安全感和信任感，让学生们相信辅导员就站在他们身后；此外，个人的人格魅力也是非常重要的一点。其实我也有不少遗憾，比如说有的学生在学业上出了问题，我最终也没能帮助他们完美解决。有的同学遭遇了电信诈骗，我没能在第一时间发现并阻止等等。但是我一定会尽自己全力去帮助和引导自己的学生。

采访人：流动助教的工作经历对您现在工作的帮助体现在哪里？

周佺桢老师： 我现在的工作是对电力线路和站点进行专门设计。虽然这属于技术工种，但是只会埋头做事肯定无法将工作做好，因为许多工作都是团队合作完成的，我们要具备好的沟通、协调能力，经常需要在重压下一起工作。此外，我们的工作涉及能源安全，责任重大，专业性也极强，需要有非常好的分析问题、解决问题的能力。而流动助教的工作恰恰全面锻炼了我的素质，我的抗压能力、韧性、思辨能力都有非常明显的提高，这些都为我在电力设计院的工作提供了非常大的帮助。

▲ 采访团队与周佺桢老师（左三）合影

采访人：最后，您对学弟学妹们有什么期待呢？

周佺桢老师：我希望学弟学妹们可以珍惜短暂而宝贵的大学时光，朝着自己的目标不断努力，携手创未来，与母校一起取得更大的进步！

（采访人：史上清、张靖雨、谢忠虎；时间：2022年8月）

何倩

一片热忱，留给芯程

简介

何倩，1995年出生，江苏淮安人。2017年6月至2019年6月担任东南大学电子科学与工程学院流动助教，目前担任南京航空航天大学电子信息工程学院学科科研管理办公室主任。

曾获得东南大学辅导员年级大会（班会）展评大赛一等奖、东南大学暑期社会实践优秀指导教师、东南大学军训优秀指导员、东南大学优秀学生干部、优秀研究生干部、优秀共产党员、优秀党建助手、东南大学校长奖学金、华为奖学金等。

采访人：是什么原因让您选择成为一名辅导员？

何倩老师：因为我在本科期间，做了很多学生工作，我对这部分工作也比较感兴趣。还有一个原因是我自己的辅导员邱峰老师给我的影响比较大，他对学生特别好，就让我觉得如果能够体验尝试一下这样的工作也是挺好的。所以我觉得应该是兴趣和契机（自己辅导员的影响）这两个因素共同促使我成为一名辅导员。

采访人：在担任辅导员工作的过程中，您有没有后悔过？有没有想放弃过？是什么支撑您度过了困难的时期？

何倩老师：确实有想放弃过，但也只是偶尔想一想，后悔倒是没有。因为做辅导员工作和学生工作还是不一样的，学生工作是以学生的身份按照老师的要求去做个执行者,可能只需要你组织一小部分工作。而辅导员实际上更像一个领导者,需要从最顶层去考虑如何让学生更好地接受并完成学校下达的任务。另外,两份工作中思考问题的角度也不太一样。学生干部更多的是完成整个任务的某一部分;但是辅导员实际上是整个学校系统运行中的一个角色,要从全局出发,面向学生,要整体考虑学校各个部门面向 200 多个甚至更多的学生会有什么样的问题,这些都是辅导员在开展工作的时候要考虑的琐碎细节。辅导员工作有时候事情特别多、杂,还要熬夜加班,这个时候就会有放弃的想法。但我们也知道,出现不良情绪的情况下往往需要发泄,所以每当如此,我就会和学生聊聊天,或者参加一些学生集体活动。心情轻松后,繁杂的工作也就不会让我情绪低落了。同时,辅导员工作也让我认识到,如果能够提前做好计划,后面的工作会省力很多,工作效率也会提高不少。

采访人: 回顾这段经历,您觉得最大的收获是什么?遗憾是什么?

何倩老师: 最大的收获就是自己的成长吧。一方面,做事比以前更会思考与准备了,并且耐心显著增强。我以前是个急性子,遇到事情一定要赶紧把它完成。但是我做辅导员之后,有些事情不能火急火燎地做,要先做到百分百的思考、准备和计划,然后再面向学生开展一些工作。因此我的耐心得到了极大的提升。特别是在处理学生事务时,往往不能指望发一次通知,就能让他们完全按照要求去做,中间总会有各种问题出现,需要我不断提醒和协助他们。而且,每个学生都是独一无二的,与他们谈心交流,帮助他们提升自我,需要了解他们各自的问题,并逐一解决,这都离不开耐心。另一方面,在这个过程中,我的个人能力也得到了锻炼,比如组织活动、协调处理多项事务等,我认为这些都是辅导员必备的技能。至于遗憾,大概就是与大家共处的时间太过短暂了!

▲ 采访团队与何倩老师（中）合影

最后，愿电子工程学院的勇敢的少年们，就且追梦乘风去吧！

（采访人：倪雨晴；时间：2022年7月）

郑思

青春陪伴，共同成长

简介

郑思，1994年出生，江苏常州人。2020年2月至2020年8月在东南大学电子科学与工程学院担任兼职辅导员工作；目前在东南大学交通学院攻读博士，担任博士班班长、学生党支部书记等。

采访人：是什么原因让您选择成为一名辅导员？

郑思老师： 我觉得主要是两方面的原因。第一方面，我觉得这是一种反哺。因为在我本科四年的成长过程中，无论是在学习上还是在学生工作上，我都得到了很多老师的帮助和指导。大学应该是我们每一个学生价值观开始塑造并逐渐形成的重要阶段。在这样一个阶段里，对我影响最多的可能就是学校里的老师们，这既包括我们日常接触到的辅导员，也包括我们很多的专业老师。他们给予了我很多的帮助，特别是我在大学遇到的辅导员们，对我的影响非常大。因此，在我本科毕业之后的一段时间里，我担任流动助教，全身心地投入工作。在我看来，这既是一种传承，也是以另一种形式向曾经帮助过自己的老师们表达感谢。这就是我当辅导员的第一个原因：反哺和传承。

至于第二个原因，流动助教工作实际上是一个全方位锻炼人和使人成长的工作。要如何做好这份工作呢？我们需要思考学校想要培养的领军人才的素质能力结构。这无疑也要求我们自身先去对标领军人才的培养需求，以更高的标准进行自我提升。尽管在本科期间，我积极参与了校院多项学生工作，但实际上，我对工作的深入思考仍显不足，成长积累也相对有限，时常感到本领恐慌。因此，我希望通过流动助教的工作，给自己一个全新的挑战，在具体事务中磨砺自己，进而更全面、客观地了解自己，认识自己，并提升自己。

采访人：在担任电子学院辅导员的过程中，您有什么印象比较深刻的事情？有什么难以忘怀的人吗？

郑思老师：电子工程学院的工作经历，给我留下了许多难忘的回忆，其中有一件事给我留下的印象尤为深刻。当时，我和学院的老师及领导共同策划并组织了一个名为"万里情，芯连芯"的视频连线活动，旨在与学院的在境外的学生进行交流。这一活动的起因是国内新型冠状病毒肺炎疫情得到了较好的控制，但境外多国疫情却持续蔓延，疫情防控形势严峻。由于学院有许多研究生和本科生在国外进行联合培养或交流，我从辅导员那里了解到，他们的心理状态较为焦虑，可能承受着一定的压力。鉴于此，我们集体策划了这次视频连线活动。

在活动过程中，我们邀请了学院的领导、班主任、辅导员，以及学生的班级同学、舍友等人参与，通过云端视频的方式与他们进行了深入的交流。由于学生们分布在世界各地，包括北美洲、欧洲等地，考虑到时差问题，我们还特别安排了两场会议，从早到晚忙碌不停。在国外的学生们非常积极，在会议中分享了许多他们的经历和真实想法。

活动结束后，我们都觉得这次活动非常有意义，及时传递了全院师生对在境外的学子的关心和思念。在我看来，这是一件令人印象深刻的事情。

在工作当中，让我难以忘怀的人有很多。来到学院工作后，我发现同学们的科研能力非常强，无论是创新还是技术攻关，都展现出非凡的魄力和实力。因此，刚来到学院时，我颇为震惊，特别是看到许多本科生在本科阶段就积极参与各种学科竞赛。我的印象就是，我们电子工程学院学生的科研创新能力确实出类拔萃。

另外，前几年新冠疫情时给我留下了深刻的印象。当时武汉的学生们承受着巨大的心理压力。在那段时间，我一直与身处湖北尤其是武汉地区的学生保持沟通。他们经常向我询问各种问题，如返校时间、疫情发展对保研考研的影响等。我记得有五六位湖北地区的同学，经常与我私下交流这些情况，我也时刻与他们保持联系。

除了这部分同学，我在负责学生工作时还接触了许多学生骨干，包括一些班长、团支书等优秀学生。这些同学都给我留下了深刻的印象。当然，我与学院其他 200 多名同学也或多或少都有过交流，对他们也都有印象。

采访人：在助教期间您最开心的时刻是什么时候？

郑思老师： 最开心的时候，莫过于我们所做的事情产生了积极的影响，真正助力学生一步步成长蜕变，我认为这是最开心的时刻。当然，这是一个漫长的过程，因为每个学生的培养和成长都需要很长的周期，可能无法频繁地获得反馈。但我认为，这件事情非常有意义，因为它影响了很多人。

我最早带的是 2016 级本科生，随着时间的推移，我发现那些我曾经亲手培养、一起参与学生工作的学生骨干，以及科研、体育方面表现突出的学生，都在不断地蜕变，各自在擅长的领域取得了显著的成绩。在我看来，这是一件非常有意义的事情。

这里，我想特别提到我做辅导员期间的班长——叶钟匀。他本科毕业后也选择了做流动助教，在学院工作。他善于思考，工作认真负责,积极地用自己的力量去影响更多的人。

采访人:在担任流动助教期间,您有没有最难过的时候?

郑思老师: 对于我们这些从事学生工作的老师来说,难免会遇到令人难过的事情,也会面临工作上的重重压力,包括一些突发事件,常常让我们措手不及、应接不暇,甚至感到分身乏术。这些时候,我们很容易陷入情绪低落的状态。而说到最难过的时候,莫过于某个期望未能实现之际。比如,当我管理三百多名学生时,我自然期望他们都能有良好的发展。在他们一年级考试周时,我特别希望所有学生都能顺利通过考试,不出现挂科的情况。这是我的一个期望,但最终还是会发现,不可避免地会有学生挂科。这时,我会感到一种落差。我从大一带学生到大二,或从大二带到大三,我们合理的期望是每个学生都不掉队,不因成绩不佳而留级。在做学生工作期间,我们投入了更多精力去关注和帮助那些普通甚至稍微落后的同学。然而,尽管我们付出了大量精力,有时还是会发现,有些同学由于自控能力差或考试发挥不佳,仍然挂科很多,甚至留级。对我而言,这种付出了很多却未看到预期效果的情况,确实会让我有一种深深的失落感。

采访人:这种情况确实会影响到工作的心情。您在担任辅导员的工作过程中有没有过后悔?有没有想放弃的时候?

郑思老师: 尽管工作中会遇到许多未能达到预期的事情和各种压力,但我从未后悔过。在我看来,每一段经历都有其独特的意义。辅导员工作的艰辛与劳累,实际上是一笔宝贵的财富,它让我们在苦中作乐,在工作中积累人生智慧,促进个人成长。常言道,好人往往是"苦"人,好事常常是"难"事,尤其是想要做好辅导员这份工作,就需要付出更多的辛劳,克服更多的困难,因为这是一份"良心活"。

采访人：您在担任辅导员的过程中，是否一直在保持学习状态呢？有没有提前修读研究生课程？对于如何平衡学生工作和学业，您有什么经验要传授给我们呢？

郑思老师：在工作过程中，是否需要保持学习状态呢？我认为答案是肯定的，但我所指的是对工作，特别是对学生工作的深入理解和持续学习。为什么要保持这样的学习态度呢？从流动助教的角度来看，尽管我们刚刚本科毕业，可能只担任过两三年学生骨干，但当我们迅速转变为专业辅导员的角色时，就会发现自己在很多实际工作方面还存在不足，特别是与那些工作了五年甚至十年的资深辅导员相比，他们的丰富经验让我们望尘莫及。因此，我们必须保持良好的学习状态，尽管日常工作繁忙，但仍需不断充电，通过阅读和请教来不断提升自己。

在我工作的过程中，我发现了很多学习的途径。首先，优秀的前辈们为我们提供了宝贵的工作经验。在学院工作期间，江雪华老师给予了我们很大的指导。她不仅分享了如何培养学生骨干和做好学生党建工作的经验，还带头营造了一种学习氛围。她经常给我们提供学习材料，并建立了QQ群供我们交流学习，这激励我们在学习中进步、在进步中学习。通过这些前辈的言传身教，我们汲取了许多宝贵的经验。

另一个重要的学习途径是向优秀的学生学习。尽管辅导员在年龄上稍长于学生，但很多学生在工作理解和团队想法上可能比我们更出色。在某些方面，不乏出类拔萃的学生甚至超越了我们。因此，在与学生交流的过程中，我们应该全面观察学生，了解他们的特点、优点和缺点。这是我一直在思考的问题。在学院工作期间，我遇到了陈琢、凡中华和李力行等优秀学生。他们思维活跃，能够迅速从事情中总结经验并出色地完成任务。这对我来说是一个相互学习的过程，非常有意义。

采访人：您在结束流动助教工作之后，返回校园觉得适应吗？觉得顺利吗？和老师、同学们相处融洽吗？

郑思老师： 回到校园后，我确实经历了一段状态调整的时期，但对于有过工作经验的流动助教来说，这并不构成太大的挑战。两年的工作经历让我深刻体会到时间的宝贵，因此当我重返课堂和科研环境时，我更加懂得珍惜时间，提高效率。尽管初期可能存在一些适应上的落差，但基本上经过一两个月的时间，我就能迅速恢复到学习和科研的最佳状态，整体上感觉非常适应。

在与老师和同学们的相处中，我感到非常融洽。有时，尽管我明确自己仍是一名学生，但无论走到哪里，人们总是称呼我为"老师"。这或许是因为我在他们心中留下了"老师"的印象，并因此得到了尊重，这当然是件好事。但有时候，我更希望以一个普通学生的身份融入集体，进一步拉近与班级同学和舍友之间的关系。当然，这些都是可以通过努力来实现的。

采访人：最后回顾这段经历，您觉得最大的收获是什么？遗憾又是什么？

郑思老师： 在我看来，最大的收获莫过于见证学生们的成长，这无疑是最有意义的事情。我曾带领过两批学生，一批是电子工程学院的本科生，另一批则是交通学院的本科生。如今，我仍时常关注他们的近况。以我带的交通学院本科生为例，从 2016 年至 2022 年，我见证了他们在不同领域取得了诸多有意义的成就，有些甚至对社会发展做出了贡献，这让我深感欣慰。其中，有的学生已经步入职场，创造了个人与社会价值，这对我来说是极大的收获。而电子工程学院的学生们，目前大多在深造，有的在海外求学，有的留在东南大学，还有的保研至上海交通大学、复旦大学等名校。他们正以昂扬的奋斗精神投身于科研，这同样是我的一大收获。

谈及个人遗憾，由于工作的特殊性，与学生的密切交往和陪伴往往仅限于他们人生的某个阶段，或是大学生涯的某一时期。在这个阶段，无论是辅导员还是学生，我们都齐心协力，致力于学生工作和学业的发展。这段时光虽然充实，却往往只有短短一两年。从辅导员的角度来看，我们的精力有限，且在不同阶段需承担不同任务，如研究生阶段的科研工作等，因此无法长时间、完整地陪伴学生度过整个大学四年，这确实令人遗憾。

▲ 工作中的郑思老师

在东南大学学习、工作和成长的过程中，众多优秀的辅导员给我留下了深刻印象，并提供了诸多帮助。辅导员工作肩负着立德树人的根本任务，以及促进学生健康成长的重要使命。它既是政治工作，也是良心工程，更是一门技术活。它要求我们不断加强理论学习，研究教育教学规律，充分发挥专业优势和特点。几年的工作经历让我对东南大学更加热爱。看到学生们在各方面成长成才、放飞梦想、追求卓越，我感到无比幸福！

（采访人：房曾强、苏泽源；时间：2022 年 7 月）

原紫滨

欢聚有时，芯程无期

简介

原紫滨，1997年出生，山西临汾人。2020年6月至2022年6月担任东南大学电子科学与工程学院流动助教；现为东南大学信息科学与工程学院电路与系统专业硕士研究生。

致原子哥

又是一个夏天，

杨柳依依，梅雨绵绵，

教学楼里的灯依然亮着，

图书馆前的水仍旧闪着，

而我们却聚在这里，

准备轻轻地和您道别。

我们的原子哥。

21级本科生：我们多样的原子哥

1. 敬业

原子哥就是我们的流动助教原紫滨老师。在工作上，原子哥总是认真负责，温柔而不失严谨。他会及时回复我们的消息，解决我们的问题，就像万能的机器猫。

他总是在发布通知的同时耐心解读，活动安排日期快要截止前反复提醒；他会悉心安排指导我们的学习生活，在学院的各项活动中也都有他默默付出的身影。

记得印象最深的是第一次开年级大会的时候，面对着对大学生活十分陌生的我们，原子哥讲了3个多小时，总结了30条建议，之后还不厌其烦地回答了我们许多的担忧与困惑问题。

2. 青春

在生活中，原子哥是一位活泼开朗、阳光向上的辅导员。

"我的青春故事"是由原子哥和其他辅导员老师牵头组织的新老生交流活动，为刚到大学校园的我们指点迷津。

学院60周年到来之际，他提前了两个月用心准备，保证了庆典的完美呈现。在鼓励我们多多参加课余活动的同时，原子哥也会亲临其中。

"紫荆开遍，廿五之年"主题活动上，原子哥参加了射箭、套圈、抽积木等所有项目，与同学们乐在其中。春天到了，原子哥会带着大家到大草坪放风筝，感受春的气息。得益于这样一位富有青春活力的辅导员老师，电子工程学院愈发朝气蓬勃。

3. 知心

面对大一新生，原子哥所做的远远不止完成本职工作，更是用心了解每一位同学。开学后的宿舍访谈，他与我们面对面、心贴心交流；制作每一位同学的小档案，努力走近每一个人。不管是学习过程中的困难，还是日常生活里的烦恼，我们都能在信箱里找到他的回答。当然啦，他也活跃在我们的社交圈里，点赞评论留言吐槽，一个不落！

也正因此，我们早已把他当作我们的知心朋友。在原子哥生日来临之际，我们也精心准备了惊喜蛋糕、视频祝福，为他庆生，送上我们最真诚的祝福，希望他能在未来的每一天都快乐、幸福！

4. 细心

原子哥是我们的辅导员，但在生活中，他所扮演的角色远不止辅导员这么简单。他会在天气转凉时温馨提醒我们增添衣物、注意防寒保暖；会在学院举办各类有趣活动时，热情鼓励我们积极参与、勇于实践；会在每场有学院同学参赛的比赛前，在群里贴心提醒并为我们加油打气；会在新型骗局出现时，迅速提醒大家提高警惕、谨防上当受骗；会在疫情传言四起时，及时出面澄清事实，安抚我们不要恐慌，并告诉我们他始终与我们同在；会在学校封校、外卖禁送期间，体贴地告诉我们，我们的幸福安康同样重要；还会时刻提醒我们注意各种截止日期和重要通知……

他既是我们的老师，也是我们的朋友，对我们要求严格却从不严厉。在任何时候，他都给予我们真挚的关怀、耐心的鼓励、感同身受的理解以及力所能及的帮助。

18 级本科生：原子哥，我想对你说

姚珊： 我对原子哥印象深刻的一件事，是在我担任新媒体中心小组长期间。那时候，推送内容需要经过层层审核，而原子哥作为辅导员，正是其中一环的审核者。我记得，原子哥的态度非常和蔼可亲，而且他对文字有着极高的敏感度，连一些细微的表述错误和标点符号使用不当都能细致地指正出来。在理工科环境中浸润已久的我，对此深感钦佩。

有一次聊天时，我偶然得知原子哥平时写字偏爱用钢笔，这让我更加觉得，一个人的习惯往往能反映出其素养，我对原子哥更加欣赏。在后续的学生工作中，原子哥更是展现出了极大的耐心和热情，不遗余力地帮助同学们解决生活中遇到的各种困难和问题。在这里，我想对原子哥说一声：" 原子哥，您辛苦啦！"

凌信航： 滨哥真的是个十分认真负责的人呢，可以说大大小小的事情都帮我们整理得很好。深夜发消息也会秒回，真的辛苦啦！

还记得当时我考虑要不要报流动助教，晚上九点多跑去学办，

滨哥也掏心掏肺讲了很多。

祝滨哥接下来的科研之路也顺顺利利，同时继续在学生工作方面发光发热！

许璞凡：原子哥，你真的是一个非常认真、利索、负责、贴心的辅导员。我们一起经历了很多事情，虽然多因工作关系而联系，但是我可以真切地感受到你是一个能够一针见血抓住主要矛盾、做事有条不紊、善于总结反思、有想法并且有方法的人，这些品质一定可以支持你做好所有的事情，无论是马上开启的学习旅途，还是未来的人生篇章。

相信原子哥，你一定会收获好成绩和新朋友，也请相信，这些已取得的成就和我们这些老朋友会一直陪着你攻坚克难，向前、向前、再向前！

> 时光真的太匆匆，
> 多少相遇仍抵不住岁月春秋。
> 遇见您，
> 也许是年级大会上耐心的讲解，
> 也许是清晨操场旁如一的身影，
> 也许是院庆晚会上难忘的歌声，
> 抑或是学办里一场倾心的交流……
> 月上柳梢，且听风吟，
> 斑斓的回忆，满满的温馨。
> 感谢相遇，感恩有您。
> 我们像春草一路野蛮生长，
> 而您成为照亮这片草地的太阳，
> 永远的光。
> 追梦远方，岁月沉香，
> 轻轻和您说声再见，
> 不愿有太多的离愁。

惟愿我们的原子哥:
生活明朗,万物可爱,
人间值得,未来可期。
青春的航程没有结束,
东大的缘分仍在延续,
原子哥,我们未来再见!

▲ 工作中的原紫滨老师

(采访人:万家骏、计洁、张文馨、杨静璇、胡宁欣;时间:2022年6月)

叶钟匀

四时之叶，唯你独青

简介

叶钟匀，1997年12月出生，福建漳州人。2020年6月至2022年6月担任东南大学电子科学与工程学院流动助教，现为东南大学交通学院交通运输工程硕士研究生。

一、来时路漫漫

2016年，在他第一次背着行囊，漫步在东南大学的校园时，心里充满了对即将谋面的辅导员的期待：他是高是矮、是胖是瘦？他是否平易近人，又或者严肃认真？但他当时或许没有想到，四年后，他的一群学弟学妹，也如那时的他一样，来到了东大，漫步校园，思考着他是一个怎样的辅导员。

本科期间，他如星光一般闪亮。他是班长，是学生会骨干，是学院的文体之星！四年里，他在学业与学生工作上，都交出了令人赞叹的答卷。正是本科阶段的学生工作经历让他沉淀下来，让他思考：接下来，我该做什么？

"去吧，留校当一名辅导员。"自他第一次萌生这个想法之后，他就知道自己无法逃脱了。2020年的那个夏天，愈发成熟的那个他，又一次背着行囊来到东大。不过这一次，他来得更早些——因为他背负了更艰巨的使命，来接他的学生们回家……那一年于世界是艰难的一年，但那两年于他是幸福的两年——我们的故事开篇了。

一位同学的自述：

初识叶导是在第一次年级大会上。满怀期待的我曾于心中满怀欣喜地想了一千种叶导可能的开场词，却早晚没想到等来了一句："我很忙，大家没什么事不要来随便找我。"嗨，自古以来男神似乎总带着几分高冷的气质！只是苦了我这单方面年少的欢喜罢了。他和我，至此，如两条平行线，我踮起脚尖探望，却怎么也找不到交点。

这里已经没有值得我留恋的人和地方——开摆！我很快就拿到了不负吾望的数分期中成绩。"无所谓了"，岁月静好的我如是想着。

却怎知，叶导竟为此找我去办公室，与我谈心，谈学习，谈理想，鼓励我如何成为更好的自己！在那个可爱的办公室里，我终于发现我们男神有着这样平易近人和真诚、亲切而暖心的那一面！我"得寸进尺"，将叶导当作我的树洞，叨扰他，玩梗他，撒娇他……他像蓝蓝的大海，平静而包容，治愈了我许多许多的烦恼，陪伴我慢慢努力成为更好……

"大家真的太热情了，最近一周我有两百多条消息！"也不知道叶导平易近人、温柔体贴的消息怎么传播了出去，同学们开始"得寸进尺"起来，有事聊天，无事骚扰："什么时候能出去啊？"——去找叶导探探风；"食堂的饭又贵又不好吃。"——去找叶导抱怨一下；"学不会概率论咋整啊！"——去请教叶导。于是，我们的叶导成功变成了超级大树洞、情感终结者、男生的兄弟、女生的闺蜜……

"我很忙，大家没什么事不要来随便找我。"

"嗯？我什么时候说过这句话？"

……

"我不知我要飞往何方,

但我已经在路上了。"

这是叶导在接受哔哩哔哩"一芯向东"采访时,引用的影片《千与千寻》里的一句台词,也是他一直贯彻的理念。

"叶导今天私戳我去参加校运会100米接力,好纠结……"

"都被钦点了,这还不冲吗?"

"你们还在叫叶导?大家早就喊他叶子哥啦!"

就这样,在匆匆而过的两年时光里,数不清的同学在叶子哥的鼓励下迈出了属于自己的第一步:克服心底的不自信去参评奖学金;在校运会的赛场上绽放属于自己的光芒;在学院的活动之中留下属于自己的剪影……在学习上,叶子哥鞭策着大家不断前行;在各项活动中,他也用自己的身影激励着大家挥洒青春。万人长跑,你永远可以看到叶子哥从人群中冲出的身影,而在终点你却又能看到他为同学加油打气,汗水和欢笑交织出最美的映象。叶子哥亲自带领参赛队员参加江苏省马拉松比赛,在赛场上展现独特的荣光。

还记得在院运会期间的绑腿跑训练和比赛之中,叶子哥也亲自参加并指导着大家,和同学们进行每一次训练。在叶子哥的带领下,学院同学在各项活动和运动会中取得了众多成就,在万人长跑、校运会、定向越野等多项比赛之中,不少同学从原来的倒数几名一下跃居至前几名。这样的叶子哥谁不爱?

作为一名辅导员,叶子哥尽职尽责,用自己的方式发光发热,温暖着身边的大家。而在生活中,他也经常和同学们打成一片。平时看似高冷的他,也会在学生会聚餐时和大家嬉戏打闹。看似严肃的他,也会在文娱晚会上和大家一起编排舞蹈,在晚会最后的一段给大家带来惊喜。叶子哥从来都不是难以亲近的人。他是辅导员,但他也是我们的学长,是陪伴着学院同学度过两年时光的前辈,更是大家身边的叶子哥。

二、去时披星光

他们说：相逢是一首歌，每一个音符都是一段难以抹去的美好回忆。

和叶子哥相逢的时间里，季节已经几度轮回，我们好像明显的长大了，但叶子哥却还是老样子。也许这就是所谓的离别，曾经的回忆全部涌现。排队核酸检测时陪伴在侧的身影、深夜里学办亮起的灯光、聊天谈心时温暖的笑容……感谢叶子哥两年的陪伴、鼓励和支持。许多年后，当我们渐渐地适应了没有叶子哥的生活，走出这片熟悉的天地时，大家仍然会想起叶子哥和乘着翅膀与我们相逢的下午。

▲ 工作中的叶钟匀老师

流年笑掷，未来可期。

祝愿叶子哥在未来的日子里，平安喜乐，前程似锦，无论是学习还是工作，都要一切顺利！祝我们喜欢的大男孩许下的所有愿望都可以成真吧！

（采访人：陈旺、王潞扬、苏炯哲、袁翌庭、彭子轩、马俊南、张舒羽；时间：2022 年 6 月）

徐瑶瑶

感恩之心,"瑶"相呼应

简介

徐瑶瑶,1998年出生,江苏扬州人。2021年6月至2023年6月担任东南大学无锡校区流动助教,现为东南大学集成电路学院电子科学与技术专业研究生。

采访人: 您当时是可以直接保研升学的,是什么原因让您选择了做流动助教?当时具体是怎么考虑的呢?

徐瑶瑶老师: 我认为当时就是选择尝试与挑战,希望得到收获其实是最好的答案。

从我个人发展的角度来说,一方面我希望抓住机会分享经验给学弟学妹,另一方面希望通过两年时间磨炼心态和意志,用这样的缓冲期提升自身素养,再投身到科研工作当中。

从感恩的角度来说,我其实非常感谢学院和辅导员们对我的培养和关心。我的第一任辅导员何倩老师是我的良师益友,不论是学习科研、职业发展还是日常生活,她事无巨细和埋头苦干的认真模样,为我树立了最好的榜样。

采访人：能为我们详细讲述一下成为流动助教的条件，以及需要准备的内容吗？

徐瑶瑶老师：从"硬件"上看，流动助教首先必须是党员，其次要获得免研的资格；从"软件"上看，要有本科毕业就"步入职场"的勇气，无论如何这也算我们的第一份工作，要迅速转变学生思维，投入工作，同时要铭记这个身份的特殊性。"好学"和"抗压"是两年流动助教的必修课。如果提前已经做好了这样的心理准备，有志于为学院献力、为学弟学妹倾囊相授，那就具备了成为流动助教的内外条件。

当然，作为一种职业生涯的选择，更重要的是要有足够的信心和热情支撑自己走下去，同时具备兼顾充实工作与个人生活的能力，这样才能做好决心向前的准备。

采访人：担任流动助教要处理的事务有哪些？回顾您的流动助教工作经历，您印象比较深刻的事情是什么？

徐瑶瑶老师：入职之初，我主要是承担了研究生辅导员的工作，包括日常管理工作、党团班建设、心理工作，以及需要承担部分无锡校区的工作。

印象较为深刻的是每一次的心理团体辅导活动。目前总共开展了三次心理团辅，从"柳林风声"注重朋友与自身，"镜中我"强调团体与协作，再到院内的绘画心理团辅，每一次的策划都是一次头脑风暴，每一次听到研一的学生们讲述不同的收获，都让团辅的魅力无限放大。

其实每一段倾听学生的时间都是最美好的。学生获得收获的同时，也在激励着我。"从学生中来，到学生中去"，上传下达的桥梁就在我们脚下。明晰学校的要求，切中学生的痛点，寻找可能存在的盲点，是我这一年一直在努力学习的内容。

徐瑶瑶
感恩之心，"瑶"相呼应

▲ 工作中的徐瑶瑶老师（右一）

采访人：您有什么想对未来的自己说的？您对想做流动助教的学弟学妹们有什么寄语或者建议？

徐瑶瑶老师：我对自己想说的是学无止境；对想成为流动助教的学弟学妹们说的是，青春应当是闪着金光的，也应是镶着金边的。希望大家切合自身的条件和未来的追求慎重考虑，最优解永远是你选择的那一个。

（采访人：倪雨晴；时间：2022年7月）

张冠杰

芯程发轫，冠领未来

简介

张冠杰，2000年出生，河南洛阳人。曾于2022年6月至2024年6月担任东南大学电子科学与工程学院流动助教，曾任院团委副书记、2022级本科生辅导员、党建思政联系人；现为东南大学土木学院土木工程专业研究生。

一、细碎微光，灼灼我心

1."我信他。"

对他的信任和托付源于初见。

军训期间的某个雨天，杰哥出于安全考虑和教官商议，让同学们回宿舍休息，并悉心关照大家防止着凉。年级群里不知谁发了一句："杰哥，我的超人！"随后便无限"＋1"。

这句话，也成了学生们对他信任的象征。

他总像一位大哥哥，像一个包容的树洞，可以藏进任何秘密与烦恼。与他聊天，他总是暖心又贴心，如沐春风；他总是微笑着，从不妄加评论，给出最温柔最让人安心的答复，这是他的魅力与魔力。

信任的托付使我们能够敞开心扉，真实地展现内心的脆弱，感受到被包容、被接纳、被关爱。

2. "他真挺有一套的。"

随着班长、团支书、年级长、团总支的学生干部班子逐渐建立，电子工程学院2022级学生工作逐渐步入正轨。

在疫情的特殊时期，班长、团支书们经常可以看到杰哥忙碌在学院防疫的第一线。每一次来到杰哥的办公室，他的电脑里永远是堆叠的文档，办公桌上也永远是等待处理的材料与文件。从早八到晚六，随时到他办公室，基本上都会看到杰哥坐在办公室的桌前，无论风雨，从不缺席。

有哪些辅导员会自掏腰包请班长、团支书集体团建呢？

答案是，杰哥会，而且不止一次。他会在KTV唱上一曲 *New Boy*，也会先处理好手上的工作，再匆忙赶到团建的现场。他分得清轻重缓急，他也懂得什么叫尽兴。他会说，"你们放心好好玩，我请大家"。他也会说，"今天到此为止啦，不要影响第二天的学习生活"。

3. "他一直在。"

陪伴，是他对电子学院2022级本科生最长情的守望和告白。

军训时，我们从早训到晚，他便从早陪到晚，无论风吹雨打。我们军姿站得浑身酸痛的时刻，瞥向他，却发现他分明站在阳光下，笔挺笔挺。他略有稚气的双眼闪着坚毅的光，他与你四目相对，你便精神一振。"杰的陪伴"是我们支撑下去的动力。

无论何种体育赛事，只要有我们参加，他便会在。

也许这是一项关注度不高的比赛，也许这一天所有人都很忙碌，也许甚至连参赛人数都不够……总能看见他怀抱衣服，手拿水杯，身倚栏杆，目光炯炯，拇指高竖。本抱着凑数心态比赛的一次接力跑，因为他的存在，学院有了名次。"杰的陪伴"成了我们奋力奔跑的源泉。

志愿服务大赛现场，"未来之星"辩论现场……各大答辩、比赛现场，他都会在。他会和学生一起备赛到凌晨，会带大家去吃饭、聊天。比起随队老师，他更像旅行伙伴。从生活聊到学习，从琐事聊到规划，关于之前、关于现在、关于未来，我们欢欢笑笑吵吵闹闹，没有拘谨，更没有任何后顾之忧。"杰的陪伴"，也是我们勇毅前行的底气。

二、初心如炬，星曜其芒

1. 肩膀上，扛起党员的职责义务

作为党建联系人，杰哥主要负责本科生的党建工作，也就是"本科生星曜党支部"和"本科生光耀党支部"的党建工作。学工部发布任务，他便传达给两个支部。

他是学生支部和学院党委沟通的中间人，用坚定的信念感染学生，"全心全意为人民服务"，在他这里，就是"全心全意为学生服务"。烦琐的事情一肩挑，麻烦困难有办法。他的以身作则，也推动红色信念在学生中流传。

2. 眼波中，永远流淌着光与爱

作为团委副书记，他分管团委学生会的部门，定期组织负责人开会，询问活动近况，关心部门负责人和部员的学习生活情况。

每一次志愿活动的策划与方案，他均会做出详细的批注与修改意见。在备战江苏省高校青年志愿服务项目大赛时，杰哥陪伴着项目队员，将申报书修订了一遍又一遍。

在杰哥的带领下，学院的志愿服务水平直线上升。在短短一年时间里，学院从无到有取得了省、市、校三级大大小小数项荣誉。

学生工作的初心，他一直铭记。在他眼里，每一个为学生工作付出的同学，永远是他需要关爱的学生。他的眼中，永远流淌着光与爱。

2023年的暑假，杰哥作为带队老师，带领学院同学前往赣州支教。他和所有电子学院的同学们一道，期待着与孩子们的会面。他像是最初的那一阵风，吹动了云朵，而这些兴奋的云朵，又将在

支教之旅中充实更多稚嫩可爱的灵魂。

他关注同学们的安全，全天守候，时刻询问，时刻提醒。在到达赣州之后，他成了所有人背后的底气。看着他的学生们和孩子们打成一片，他会心一笑；他脸上常常挂着笑，为大家记录幸福瞬间，运营各种宣传平台；喊大家及时吃饭，下课时仍守在门口……他成了支教同行者心中最令人安心的一束光。

此外，杰哥还带着同学们实地调研，了解当地居民生活水平和困难，联系当地镇长帮忙关心照顾。条件艰苦，可他一直乐观，用爱和真诚对待所有人和事。

三、"芯"光满身，灵动多彩

一首 New Boy，唱响我们的青春。

"穿新衣吧，剪新发型吧，轻松一下，Windows 98，打扮漂亮，18 岁是天堂，我们的生活甜得像糖。"

这首 New Boy，他唱得最多，也是我们印象最深刻的歌。20 世纪 90 年代的老歌，被他唱得活力四射。原来 20 来岁的他，骨子里住着一个集复古经典和青春活力于一体的富有灵魂。

新年晚会上也少不了他的身影，他举着旋转小风车，唱着（有点跑调的）《稻香》，为同学们献上青春的祝福。

也许你打开《炉石传说》《瓦罗兰特》或《英雄联盟》的瞬间，会看到"我的青春翻着一条鱼"上线，让人忍不住想与他一起"开黑"。杰哥喜欢在这些世界里汲取生活的力量，感受光的方向。

四、"芯"光满路，相见如初

两年时光很短，但对于 2022 级的同学们来说，从对学校的一无所知，到渐渐熟络，再到逐步适应，杰哥一直陪伴着他的二百余名学生们。

当岁月流转，当时光荏苒，当同学们知道大学生活从不是送分题，回首过往便可知，杰哥早已告诉了他们标准答案。

再见,张冠杰老师,

你好,我们永远的杰哥!

五、杰哥,我想对你说

方睿:使我感到最亲近的还是每次院运会或者校运会等体育项目上,杰哥亲切的那句"睿睿"。记得大一校运会的时候,咱们学院的女子10×100米接力赛是临时凑人头凑出来的,本来大家都抱着应付了事的心态,但是杰哥却在操场观众席迎着检录而来的我们招手加油,依然对我们充满信心。那一刻我们突然就想奋力搏一把了。正如那句话:"你开始跑了,就不要停下。"

两年真的过得很快,感觉才刚刚踏入校园开第一次年级大会听杰哥做自我介绍呢。之后的体育活动,没有杰哥催促,我也依然会主动参加,但是少了那个观众席为我们呐喊的身影,也少了我们记忆中那个始终散发光和热的赤诚少年。

《千与千寻》里面说,路途上会有很多站,很难有人可以自始至终陪着你走完。当陪你的人要下车时,即使不舍也该心存感激,然后挥手道别。相信我们这二百多名同学怀揣着同样的心情,即使感到万分不舍,也以最诚挚的心祝愿杰哥未来路途坦荡、前程似锦。

一切都会好的,就像为之奋斗的我们所希望的那样!

姚俊杰:杰哥,没想到两年时间这么快,要和你说再见了。军训时你陪我们从天亮到天黑,闲聊时你也能和我们一起玩梗,谈心时你是最好的倾诉者,支教时你又是负责的领导者,而且我们竟然都爱《英雄联盟》。感谢你对我综合测评的认可,感谢你的陪伴,祝你前程似锦。

王子杰:感谢杰哥在我们初入大学之际对我们无微不至的关心照顾,你是我们温柔心细的大哥哥。军训时,你与我们一起面对炎炎夏日;学习迷茫时,你为我们指点迷津;赴江西支教时,你以身作则。在我每一个关键的成长节点上,杰哥都始终担任着至关重要的角色,是我心中的最佳辅导员。祝杰哥前程似锦,生活甜甜蜜蜜,读研也不要忘记我们哦!

陶玉城:杰哥,特别感谢你两年来对我的关心。我大一的时候不懂事,成绩非常差。到了大二,你找我聊了好长时间,让我意识到自己不能再沉沦下去。你还设立打卡任务,来帮助我督促我学习。所以大二上学期,我的成绩就取得了一些进步。总之,杰哥,谢谢你两年来对我的关心和鼓励,希望你未来的研究生生涯一帆风顺,希望你以后天天开心!

▲ 工作中的张冠杰老师

姚祉冰:不知不觉间,我已经在杰哥手底下打了两年工了。无论角色如何转换,我都在杰哥的管理下。感谢杰哥两年来的指导和陪伴。杰哥会在天冷的时候提醒我们注意保暖,也会在考试之前提醒我们放松心态。"导员""张导"马上就会下线,但"学生杰哥"即将上线,祝愿研究生杰哥科研有成,和嫂子更幸福。

(采访人:梅畅、姚祉冰、姚俊杰、许梦瑶、邱靖涵;时间:2024年6月)

后　记

　　闪亮的电子时光，是对学院和学科发展的历史追寻，也是电子科学与工程学院教书育人、管理育人、服务育人的品牌活动。它既是对工科学院历史发展的讲述，也是对教师队伍师德传承的颂扬，更是对当代大学生进行的榜样教育和爱校教育。

　　希望"闪亮的电子时光"系列访谈的推出，有助于开展新生入学教育和加强师德师风建设，帮助我们的学生和新入职的青年教师了解学院历史、关注学科发展、力求科研突破，向电子信息领域的前辈们学习，学习他们拼搏奋斗、敢于创新的精神，铭记家国情怀，强化责任担当。

　　《闪亮的电子时光》中，一部分是源自学院前辈的珍贵回忆，另一部分是由我们学院学生支部和教师支部结对联合开展的访谈录。从策划准备、访谈整理、修改推送到最后成册，"初芯"党建工作站和学院各支部的部分师生为本书的顺利完成付出了很多努力，因此每篇访谈的最后，我们尽量列出了参与的师生名字。

　　感谢王一卉、周涛、刘鹃、杨阔、江莉莉、张涌等多位老师在访谈活动中的辛苦付出；感谢每一位接受访谈的老师，毫无保留地分享他们的经历、收获、感悟与期盼；感谢王秋霞老师、王迪亚老师帮忙联系学院的退休前辈们；感谢何倩、倪雨晴、张尚洋三位同学在前期访谈中的辛苦工作；感谢夏雨轩、管海琪、曹轶子三位同学的后期校对与照片整理；感谢李可校友设计了本书的封面，并在学院的多种文创作品中展示了她独一无二的智慧与创意；感谢东南大学出版社白云飞社长和陈淑编辑对本书的顺利出版给予的指导与帮助；感谢东南大学教育基金会的大力支持和江苏省社科应用研究精品工程《新时代高校入学教育创新体系的构建与实践研究》项目（23SZA-003）的支持。

　　本书是"闪亮的电子时光"系列访谈的第一部，下面我们还将对更多的校友和老师开展追寻与访谈,在此,期待未来的升级版——《璀璨芯河:闪亮的电子时光Ⅱ》早日与师生朋友们见面。

江雪华

于四牌楼金陵院旁的枇杷小二楼

2025 年 2 月 2 日